Mom's Christmas Sudoku

A 400 Sudoku Puzzle Christmas Gift For Mom

Mom's Christmas Sudoku
Volume 1

ANDREW WOODYEAR

ISBN: 1981375333
ISBN-13: 978-1981375332

CONTENTS

Introduction

This book includes 400 Mixed Difficulty (Easy to Very Hard) Sudoku Puzzles. Solutions are included.

Sudoku puzzles have a series of cells that make up a grid. The puzzles in this book are arranged 9 x 9 with a total of 81 cells. The grid is grouped into 9 blocks of cells.

Each block in the grid comprises of the numbers 1 to 9.

The objective of a Sudoku puzzle is to figure out what numbers go into the empty cells.

The only rule is that a number cannot be repeated in any column, row or block.

Have Fun!

EASY SUDOKU

Puzzle 1

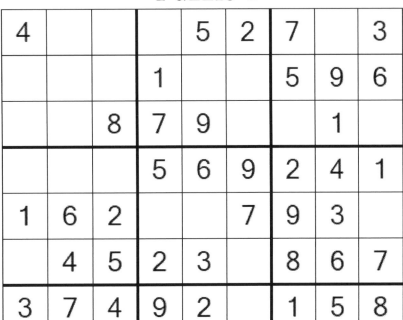

4				5	2	7		3
			1			5	9	6
		8	7	9			1	
			5	6	9	2	4	1
1	6	2			7	9	3	
	4	5	2	3		8	6	7
3	7	4	9	2		1	5	8
	2	6	8	1		3		
8	1		3		5	6	2	4

Puzzle 2

3		9				2	7	5
7	4					8	6	
5	6	2		7			4	1
	3		7	9	1	6		2
1				8	3	4	9	7
9			2	6	4		1	
6	9	3	8	1		7	2	4
2		7	4	3	9		8	
4	5			2		1	3	

Puzzle 3

6	2	1		3	8	9		
8	4		1	9	6	2	3	7
		9	5		2	1	8	
1					3	8		9
5	8	3	9	6		4		2
	9	2		5	1		6	3
2		8		7		6	9	
9		7	6		5		2	
		4	2	1	9		7	

Puzzle 4

1			2	3	4			9
9	4		5	7	8			3
	3	8	9		1	7		
2	6			5	7		4	1
7	1		8		6	9	5	
8	5	4		9	2	3	7	
4	8	7		2	3		9	5
	2			1		4	3	8
	9	1	4					7

Puzzle 5

4	2		8	9	3	5	1	7
1			7	5			4	2
9	7	5	2		4	6	8	3
3	6	7		8	9			1
	8			2	1		7	
2		1	3		5		6	4
7		9				4	3	
8		3		4	7			
6			1		8	7	9	5

Puzzle 6

4	2	5	9		7	6	3	1
1		7	3	6	2	5		4
3	9		5			7	8	2
6					5	8	1	
			6	3	1		7	5
5	7		8		9	3		
9			7		3		2	8
		8	2			4	5	
	5		1	4	8	9	6	7

Puzzle 7

		1		3	9		6	
9	2		4				3	7
	8	3	1		6		5	
	9				1		2	3
5		4	9		3	6		1
3	1	2	7	6	8	4	9	
	3		6		7	5	4	2
1	4		8		2	3		
2	6	7	3	5	4		1	8

Puzzle 8

8			5	3	7	4		6
3		1		9	6			2
	7	6	4	2	1	9		3
7				4	5	8	9	1
		8	3	6		7	2	5
2		5	1			3		
		4	7	8	2			9
9	8	2	6				3	7
6			9	1	3	2		8

10

Puzzle 9

	7	5	8	9				
1		8	6	2	5	3	9	7
	2			4	1		6	5
	8	4	9				1	
5	3	1		6			2	9
7	6			1	2	4	3	8
8		6	2		4	9	5	
3	5	2	1	8	9		7	
		7			6		8	2

Puzzle 10

7	8			5		4	9	1
6	4			9		8		
		5	2	4				6
2		8					4	7
9	6		4		7	2	3	5
	7	4	6	2	3		1	8
3	2		1	6	4	5		9
8	1		5	3			6	
	5	6	8	7	9		2	3

Puzzle 11

4	6	1	8	9		2	3	7
	5		4	7	3	8	6	1
8	3			1	2		4	5
		2	3		9	4	5	8
				8	1	6	2	9
6		8	2			1	7	3
1					6	3	8	
		4				7	1	6
	8		1		7	5		2

Puzzle 12

3	2	5	8		1	9	6	
	1	6	4	3			7	
8	4	7				5		1
7	3	9	5		4		2	8
	8			6		7		
2					7		9	
			6	2	3	4	5	7
	7	2	1	5	9		8	6
6	5	3	7	4	8		1	9

Puzzle 13

4	5				3	7		
	6	7						
2	9	3	7	5		8	1	6
6	8	9	4	3	5		2	7
5	1	4			7			8
7	3	2	8				5	9
9	7	1			8	2	6	5
	4	5		2		3	7	1
3	2	6	5	7	1			4

Puzzle 14

1	3		6	4	5	7	2	
8	4	5		2		1	6	9
2		7	9		1		4	
5	8		1		6		3	
	7	6		3		4		
3	1	2				6	5	7
	2	8		1	7	3	9	
7	5			6	9			4
4	9	1		5		2		6

Puzzle 15

3	6		8				4	7
	8	9	7	4	2		6	3
	7		3	1	6	8		
9			4	2	1	7		6
7	1	8	9	6		2	5	
			5		8			9
6	3	7		8	4			5
4		1		3	5		7	8
8		5	6		7	4	3	

Puzzle 16

7	9	4	3					5
			4		2			7
			7				3	9
2	1	7	5	6	4	3	9	8
	6		1	7				2
4		5	9		3		7	6
		2	6	3	9		5	1
6		1	2	4	5	9	8	
5	3	9	8	1	7		6	4

Puzzle 17

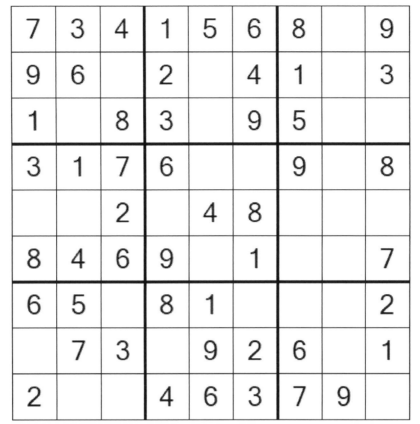

7	3	4	1	5	6	8		9
9	6		2		4	1		3
1		8	3		9	5		
3	1	7	6			9		8
		2		4	8			
8	4	6	9		1			7
6	5		8	1				2
	7	3		9	2	6		1
2			4	6	3	7	9	

Puzzle 18

8	4			3		9		2
6		7	4		9			5
	2		8	7	5		4	6
5		1				4		
4	9	3	2		8	5		
2		6				8	3	
3	5	2	7	4	1	6		8
9	1	4			2	7	5	3
7		8	9	5		2	1	4

Puzzle 19

4	7		5				2	
1	5	2	7	3			6	
	6	8	4	2	1		5	7
	4	5	6		7	1	9	
8		9	3				7	5
	1		2			8	3	4
		1	8	7		5	4	9
	9	7		4	6		8	
2	8			5	3	7	1	6

Puzzle 20

	4	3			1			
2	1	6	9	5	7			3
	7		4	3		1		
4	5	1	3	6		9	8	7
7		8		9		2	6	5
6	9	2	8		5	3	1	
3			7	1		4	2	
9	2	7		4			3	1
1	8				3	5	7	

Puzzle 21

		8	3		6	4	2	
		2	9	5		3	1	7
	1	5		4		6	9	8
		6	4	9	3	2	5	1
				6	2	7	3	
4	2	3	1			9	8	6
2	6			8	9	5	4	3
	9		6			8		2
	3		5	2	4		6	

Puzzle 22

4		2	6	7	3	1		9
6	3	5					4	
1		7			4	3	2	
8		9	2	3				
2	6	1		5	8			7
		3			7	8		
9	5		3		1		7	4
7	1	6	8	4		5	9	3
3		4	7	9	5	6	8	1

Puzzle 23

	5		7	8		9		
2			9		1		6	
6	7	9	5	3	2	8	1	4
			4	5	7	6		9
	9		2	1	8	4	7	5
7	4	5	6			1	8	2
5		7						
9	1	3		7		2		6
4	8		3	6	9	7		1

Puzzle 24

9	5	6	4	3	7		1	2
4		3	2	5				7
		8	6		9		5	4
			3	9	2			5
6	3		1	7		2	8	9
	9			6	5		4	
5		4			1		3	6
3		9	5	8	6	4		
	6	1		4	3	5	2	8

Puzzle 25

1	2	6	4	3	5	9	8	
	3	5	7	1		2	4	6
8				6		3		1
6		4			9	8	7	3
		1	8	4		6	2	5
	8	3		7	6		9	
3			2	5	1			9
			3	9		5		8
5	1		6	8	4		3	

Puzzle 26

7		8	9		1	6	5	
	3			5		1	9	8
	5		8	3	6		4	
		4		7	5			6
1		3	4	8	2		7	
	2	7		6	9	8	1	4
4		9	2	1	3	5		7
		2		9		4	3	1
3	1	5	6	4				9

Puzzle 27

		3	2		8	4	6	
8	4	7	1		6	5		
6	2	9	4	5			7	1
1	3	4	8	6	5	9		7
2	6	8			9	3	5	4
7			3					
9	5		6	8	1	7	4	3
3		6	9	4				
	7			3	2		9	

Puzzle 28

			5	1	8	2	7	6
	7		6	3	9		5	
	6	5	4			3		8
	9		2			1	4	
				6	1	9	8	2
2		8	9	5	4	6		
	2	3		9		7		
7	5	9	1	4	6	8	2	3
4	8	1	7	2	3	5		9

Puzzle 29

2	8			7	5	3	4	
	9	4	1		2	8	6	7
7		6	8	4		2	1	
3		8	9	1				
6			2	5	7	1	3	
		2	4		3	7		
8	1	5	7	9		6	2	
		3	5	6	8		7	1
9	6		3	2			8	

Puzzle 30

9		5	6			4		3
8		3	5	9	1		7	
7		6		4		8	5	
	7	4	9		6	2	3	8
6	9			3		7	4	1
3	8		4	2	7			5
1		7	3	8	9	5		4
	3		7				9	
	5	9			4	3	8	7

Puzzle 31

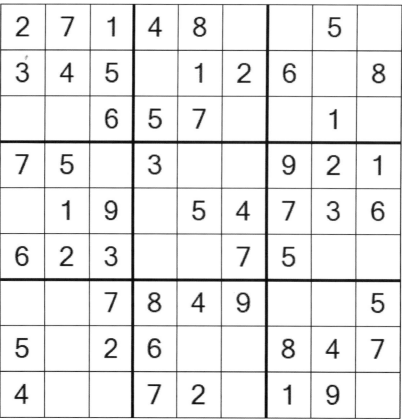

2	7	1	4	8			5	
3	4	5		1	2	6		8
		6	5	7			1	
7	5		3			9	2	1
	1	9		5	4	7	3	6
6	2	3			7	5		
		7	8	4	9			5
5		2	6			8	4	7
4			7	2		1	9	

Puzzle 32

2	3		6	5	9	8	7	4
	5			4		3	2	6
4	6	8			3	5		
5	8		9	1		7	3	2
3						1	6	5
7	1				6	4		9
	7	5	3	9	1		4	
1		3	4		2		5	
	2			6	5	9	1	3

Puzzle 33

	5	9	1	3	7	2	8	6
	7		8			1	9	
1	6	8	5		9			4
9	4		3		5	8	1	
		7	4	8	2		6	3
8		3	9		1	4	5	
2				5	8	3	7	1
7		5		1			4	
6	3	1		9		5		

Puzzle 34

			1	6	8	5	7	9
				7	5	4	3	
5	9	7	3	4		6	1	8
7	6		8	3	4	2	5	
2		3	5				8	4
4	5	8	2	1				
9	2				1	3	4	7
8		4	7			1		
6	7		4	2	3	8		

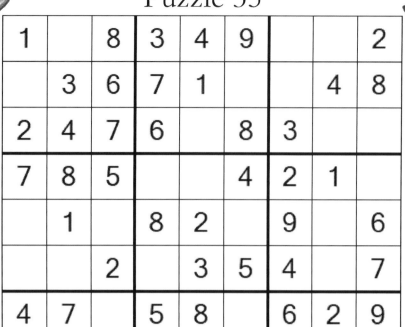

Puzzle 35

1		8	3	4	9			2
	3	6	7	1			4	8
2	4	7	6		8	3		
7	8	5			4	2	1	
	1		8	2		9		6
		2		3	5	4		7
4	7		5	8		6	2	9
8			4	7	6			
5	6	1	2	9		8	7	

Puzzle 36

5	2	8		6		7		9
4		9	2	7				6
7	3	6	5	8			1	2
	9				4	6		1
1			6		7		9	
2	6	4		9	5			3
8	4	3	7		6			5
		1	9	5	2	3	4	
9	5	2	3		8	1	6	

Puzzle 37

	3	4	6	7		2		
1		2	5			7	8	
5	9	7	2					3
	4	8	3			5	9	
			9			8	1	6
6				8	5	3	4	2
		1	4	3	2	6	7	
	5		1	6	9	4		8
4	2	6	8	5	7	9	3	1

Puzzle 38

			3	1	8		5	4
9	3	5	7		4		1	
4	1	8	5	6	9			
		6	2	8	7	3	4	
			1	4	6	7		2
2	4		9	3		1	6	8
	2		4		3	5		
5	7		8		1	6		
		1	6	5	2	4	7	9

Puzzle 39

5	3		6		9	8	4	7
4	6	9				2	1	
	8	1	2	3			5	
2	1		3	4		9		
9	7	8		6		4		
	4			7	2		8	
	5	7	8		6	3	9	4
	2	3	4	9	1		6	5
6	9		7	5	3	1	2	

Puzzle 40

9	7		2	4		5	1	8
5				7		6		
1	3	8	6	9	5			4
	5	1		3				
4	9	7	5	8	2	3	6	1
8	6	3		1				5
6		9		5	8	1	7	2
	1			2	9		4	6
7	8	2		6	4	9		3

Puzzle 41

			5	6		8	4	1
5	4	8	3	1				
7	1		8	9				
2	6	5	7	8	9			
	8	7	1		6	9	5	
4		1	2	5	3			
6	5	2			8	1	7	9
		9	6	2		4	8	3
8	3		9		1	5	2	6

Puzzle 42

8	2	5	7	6	4	9		
1		6			3	4	5	2
3	4	9	2	5	1			
	8		6		9	5		
			3	4				8
		4	5	7	8		2	
5			2	8	9			4
	9	3	4	2	6	8	1	5
	6	8	1	3		2	9	7

Puzzle 43

3		1		2	5	6	8	
	4	6	3		8	2	5	1
8			1		4		7	
	6	7	2	8	3	9	4	5
4		3	6	5				
		8		9	7			6
6		9	5	4	2	7		
5	8	2		1		4	9	3
7	1		8				6	2

Puzzle 44

7	9	8	4	5	6		1	3
	4				3		6	7
3	1	6	7	9	2			
	5	3	6		1	4	8	2
		1	9	4				5
	7		2	3		1	9	6
1	2	9		6	7		5	4
	8	7				4	3	
4	3				9		7	1

Puzzle 45

3	8	2	6	5		7	9	4
		6	2					8
7	5		3	8		6	2	
			1			4		9
	2	1		4	9	5		
9	4	8		7		2		6
1	7		9	6			3	5
2	9	5	4	3		1	6	7
8	6	3	7	1		9		

Puzzle 46

8			6	5	9	1	4	7
	9	1	2				8	5
5			8			9	2	
9			1	2	5		3	
1	3	7			8	4	5	2
6	5	2	7	3		8		
2	1	9	3	8	6		7	4
	6		4					8
7		8	5		2	3		9

29

Puzzle 47

6	3	1	4		8	9	5	
9	4	5	1		7		2	
	8	7	9		3	1	6	
	6		8	3			4	
	5	2			1		8	9
3	1		5	9	4		7	2
5	7			1			3	
		4	3	8	5	7	9	6
8	9		7		6	2		

Puzzle 48

9		4	1			7	6	
1	7		8		6	5	2	
5	8	6		4	7			3
	6		4	5	2		3	1
3	1	2		7		6	4	
4		5		6		8		2
	4				9	3	5	7
7	3	9	5	8			1	
6		1		2	3	4	8	

30

Puzzle 49

1	3	2	9		6		8	
9	4			2		1		
	8		4		5		9	
4	1	6		8	7			
8	2	9	5		3	7		1
7	5		1	6				2
	7			9			5	4
3	9	1	7	5		6	2	8
5	6	4	8	3	2	9	1	

Puzzle 50

		3			4			
	4	2	5	1				7
6	9	5	2	7	3	1		4
3	5	9	7	4	2		1	8
	7	8		5	1	4		3
	6		3		8	7		
1	8			2	5	3	6	
9		6		3	7	8		5
	3	4		6		2	7	1

Puzzle 51

3	2	4	5	8	7			6
	5	8			6		3	
		9	3	2		5	8	4
5	7		1	4	9	3	2	8
9	8	3	7		2			5
2		1	8	3	5			
8		5	2		4		6	3
6		7			8	2	4	1
4		2		1			5	

Puzzle 52

		4	1		9			
8			6				3	
9	5	3	8	7	2			
	8	9	2	1	4	7	6	5
	6	5		8	3			9
7	4	1	5	9	6	3		
5	7			2	8		9	3
4		8	9	5	1	2	7	6
			3		7	5	8	4

Puzzle 53

	7			8	3	4	5	6
					9	3		7
1	5		7	4		8	2	9
3				1	4		7	5
		5		7	8	2	9	3
	6	9				1	4	8
6	9	7			1		8	2
	3			9	2	7	6	1
2		1	5		7	9	3	4

Puzzle 54

		9	7		4	8	3	1
8	5	7	6		1	4		
1	4	3	2			5	6	7
3	7		5	6	2	1		
9				7		6		
5			1		9	7	2	
	9	8		2		3	1	6
4		5				2		8
2	6	1	3	8		9	4	5

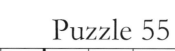

Puzzle 55

2	8	9	4			1	6		
		6		7				9
7		4	6				2	
6	1	8		9	4	3	5	
		7		8	5	9	6	2
5	9	2	7		3		8	4
4	6	3				7	1	5
9	7	1		4	6	2		
8	2			1	7	4		6

Puzzle 56

5			8	3				4
2	3	1		5	7			
4		7	9	2	6	1		
	5	4	3			2		1
6	7	3			9	4	5	8
1		8	5	6	4		7	3
		5	6		3	8	9	
3	4	9	7	8	2		1	6
		2	1	9		3		

Puzzle 57

	8			5	3	6	7	2
5	7	6	4	2	1	8		9
3	9		8	7	6		5	
7			1	4	9	3	6	5
	6			8	2	1		
	3	1				2	9	8
6		9	2	3	5		8	4
	4		6			5		3
		3	7			9	2	

Puzzle 58

3	5		2		9	4	8	7
2	8	7		5		9	6	3
9	6	4	8	3	7	1		
	4		6	7			9	
6		3			8	7	1	5
				9		6	2	4
4	2	5					7	9
1	3		7	8			4	6
8		6				5	3	1

Puzzle 59

4		7	1		9		6	5
5		6	4	8	7	2		
	8	2	3	5	6	1		
	2	4	7	9	5		1	
1	7		6				5	
6	9	5	2	3		7		
3			5	7	2	4		1
7	5	8		1	4	6	2	
2			8	6		5		

Puzzle 60

6			5	2	3	4	9	
	2	5	1		4	8	6	
9		4		8	6			2
		6	9	3	7	5		1
	8		4	6		2	3	9
3		9	8	1	2	6	7	4
	6	1			9	3		
5		3	6		1	7		8
4	7						1	6

Puzzle 61

5	2		7		6			9
1		9		8			6	4
3		8	5		9	7	2	1
	1	3		6	5		9	
4	5	6		9		2		7
9				7	4	6	3	
6	4	5	9				7	
8	3	7	6	5	1	9		2
2	9	1		3		8		6

Puzzle 62

	3	1	8	7	5	6		9
9			4		2		1	8
8			1	9	3	7	2	5
	1	2	3	4	8	5	9	
5			9	1		4		2
	9	6			7	1		
	2		7	3	4	8	5	
	7		6			9	2	3
3	4	8	2		1			7

Puzzle 63

2				9	7		3	1
	1				2	4	9	7
7	8		4	3	1			
9	2		5		8	7		3
1	6			2	4	9		5
8	5	7	9	1	3	2	4	6
5		8	1		6	3		
6		1	2	4		5		8
4			3		5		6	

Puzzle 64

8	3	5	9	4		1	2	
	2	7				5		
6		1	7	2			3	
7				5	3		4	8
2	5			6	7		1	
3	6	8	4	1	9	7	5	
4		6	5		2		7	1
	9			7	4	2		5
5	7	2	1		8		9	6

38

Puzzle 65

					7		1	6
5	1		3		6	9	4	8
9	6		1	4		3	2	7
8	7	5				4	3	9
3			4	5	9	8		1
1	4	9	8	7	3		6	
6	5		7		2			4
4			6	1	8		5	3
	8	1	5		4	6		

Puzzle 66

	5				8	3		6
1	6			4	7			9
	7	8	9	6		1		
8	4			1	2		6	3
2	9		4		6		8	
6	3	1			9	4	2	
7		3	8	5	1	6	9	4
5	1			7		2	3	8
	8	6			3	7	1	5

Puzzle 67

4		3		8		7		
	5		2	4	3	8	6	1
2	8		1			9	3	
8		1	5	9	7		4	2
		4	3			5		8
6	2	5		1		3	7	
		2		3	8	4		
3	6	9	4			2	8	7
5		8	7	6	2	1	9	

Puzzle 68

2		7	3	8				
5	1	8	9		4	6	7	3
	3		1	7	6			5
6		3	5	1	7	4		2
	4		2	9	3		1	
1	7	2	6	4	8		5	
9		6	7	5	1			4
			8	6	2	1	9	7
7		1		3				8

Puzzle 69

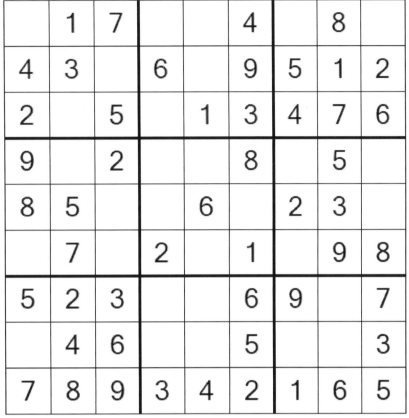

	1	7			4		8	
4	3		6		9	5	1	2
2		5		1	3	4	7	6
9		2			8		5	
8	5			6		2	3	
	7		2		1		9	8
5	2	3			6	9		7
	4	6			5			3
7	8	9	3	4	2	1	6	5

Puzzle 70

		2	7	9		1		
	8	4	1	5	6	3	2	
5	9		2	3	8		6	4
2	3		8			6	4	
	7	8	6		5			3
		6	3	2	1		5	7
8	2	9	4	1			7	
6		3	9		7	4		2
	1	7	5			2	9	

Puzzle 71

3	2		6	8	7		9	1
4	7	1				3		6
			4	1		2		5
				5	1	6	4	3
9		3	2	6		1	5	7
5		6		3	4			9
1	3		8	7	9		6	2
	5	7			6	9		4
		9	3	4	5	7		8

Puzzle 72

5	9	3	2	4	7	8		
		8		3	6	7	9	
		7		8	9	4	2	3
	3	9		2		5	6	8
8	4	7	6	1	5		3	
	5	6	8	9		1		7
7	8	4		6		3	5	
	1		3		8			4
		5		7	2		8	

Puzzle 73

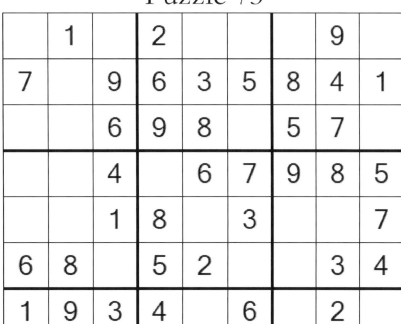

	1		2				9	
7		9	6	3	5	8	4	1
		6	9	8		5	7	
		4		6	7	9	8	5
		1	8		3			7
6	8		5	2			3	4
1	9	3	4		6		2	
	7	5			2	4	1	6
4	6	2			8	3	5	9

Puzzle 74

2	6	4	9	5	1		8	3
7	1			4		5	2	9
			2	8	7	6	1	
	2		4			8		
5				2	8	4	9	
	4	6	1	9	3	2		5
9	7	3	8		4	1	5	
4						3	6	
6	8	1		3	2	9	4	

Puzzle 75

	1	9	7	4				8
3		6		2		7		9
2	7	8	3	1	9	4	5	6
1		3	9	5	4		8	7
					1	3		
6		4	2	3	7		9	
7	3	1	5				6	
8			4	6	3	1	7	
4		5	1	7	8			3

Puzzle 76

5			4					1
4			8	5		7	9	6
6	3	8	7	1				
8		1	6		5	9	7	
				2	1	6	5	8
3	5	6	9	7			1	4
	4		2		6	3	8	7
2		3	1	8	7	5		9
7	8	9	5	3	4	1		

Puzzle 77

6	1	3		4	8		5	2
	8	5	2			9	1	3
7	2	9					6	
1		4	8	2	9	5		7
9	7	8			5		4	1
			7	1	4	8		
	4		1		6	3	8	
	9	6	5		3		2	4
	5	1	4		2	6		9

Puzzle 78

			1	7	4	2	8	3
2	7	4		8				9
1	8	3	2	5	9	7		
		8	5	4		1		
7		9	6	1	8	3	5	
5	1		9	3	2	4		8
8	5	7	4		3			
4	6	2	7				3	
	3		8	2		6	4	7

Puzzle 79

		2	9	6			7	
7	9	8			5			3
		1	8		2	4	5	9
1		7	6	5	4		2	8
6				8		1		5
8	2	5	3		1	7		
2	8	6		4	9	3	1	
5	1		7	3	8		9	
9			1	2	6	5		4

Puzzle 80

5	9		3	2	1	6		4
6	4			7	5	3	1	
3	2	1	4	8	6	7	5	9
8	1	3	6			2	9	7
7			2	3	9			
9	6				8	4		5
	7		5		3			1
2	8	5	1		7			3
	3		8	4	2		7	

Puzzle 81

5		3		1		6	9	2
	1	7			3	8	4	
6	8	2		5		3	1	7
1	5	4		3			7	6
7	2	8	1		6		5	
	9							1
8			5	4		7	3	9
2		5		8	9	1	6	4
4	7	9		6	1	5		8

Puzzle 82

8	1		6		3	5	7	9
2		6	9	8	7			3
			4	5		6		
1			2	9	5	4	3	
			1	7	4	2	6	5
4		5	3	6	8	9		7
7	4	3	5		9	8		6
5	8			4	6	3		1
6	9				2		5	

Puzzle 83

					3	4		1	8
		5			9	4	7	
1		8			6	2		3
	8	1	9				5	2
9	5		3	4	8	1	6	
6			5	1	2	9	8	4
5		9	6	2	3			1
2	6	4	8	9			3	5
8	1	3		7	5			9

Puzzle 84

1		6	8		3	9	7	5
		9	2	1	7			
3				5	6			8
7		5	1		2	4	8	9
2	9	1	4		5	3		
8	3			6	9	5		2
6	7				1			4
4	1		3	9	8	7		6
9	5			7	4		3	1

Puzzle 85

		7	2	8				
		6	4	5	1	7	8	2
4	8	2	7	6	3		1	9
6		1		2	7	8		5
7	5			3	6	2	9	
2	9			4	8	6	7	
8	6	4	3				5	7
3		9			5	4		
1		5		7			6	3

Puzzle 86

1	8	2		4		9	5	3
		6	8		5	1		
5	4		1		2	8	6	7
6		5					3	
4	3		2	5		6	7	
7	2	8	6	1	3	5		9
2	5	4	9	8	7	3		
8			3		1	4		5
		1	5	6	4			

Puzzle 87

2	6	3	9	8	4	1	5	7
9	1		2					3
	7	5					2	
	3	6	4	5			1	
1	5	4	7				6	9
		9	3	1	6		8	4
5		7				8		6
	4	1	8	6	7	2	9	5
	8			9	3	4	7	1

Puzzle 88

7	9	6		5	1	2	8	
		2	8			5		9
8		3			6	4	1	
6	8	1		4	7	3	9	5
3		5		6	9	7		
2		9	5		8	1	4	
5		4		8	2		7	1
1		8		9	5			
9	6			1		8	5	2

Puzzle 89

9			4	5	6		7	3	1
	5			7	4	2	9	6	8
		8	1	3	9			
8		5	6	2		1	4	9
2					5	3		6
		1	8		3	2		5
	8	2	9	7				3
3		6	2	5	1	8		
	1	9		8	4	6		7

Puzzle 90

	9			8			1	7
	8	2			4	6		
		1	7	9				3
2	7		5	6	9	1	3	
3	5	9	2		8	7	6	
	6	8	3			9	5	2
	3	6	4	2	1	5	7	
4		7	9	5		2		
9	2	5	8		6		4	1

Puzzle 91

6	5		2	8		9		
9	8		7	3	5	6	1	4
	1	7	4	6	9	5	8	2
2	3						6	
7			8	9	2			5
4	9		6	5				
	2	6			7			8
5		3	9	1	8	2	4	
	4	9	3	2	6	7	5	

Puzzle 92

		4	6	2	9	5		8
6	9	2		5	7	3	4	
7	8		3		1			
8	5	6		3				4
1	3	9			4			
	4	7		1	6	9	8	
9	2	1	4	7	5		3	6
4	6		2		8		5	7
	7	8			3		2	9

Puzzle 93

7	5	1	8			9	3	4
		3	1	7		2		6
6	2		3			5	1	
2		9		8	3		4	5
8	6	4	5		9	3	7	
1	3	5	2		7			8
					8	7	2	
	8		7		1	4	6	9
3	4	7	9	6		8	5	

Puzzle 94

2	3	5			4		8	
8	6	1				7	4	2
7		4	8	6	2		3	
4	8				7	3		6
9	1	6	5		3	8	2	7
	5	7	6	2	8			
5		9			6	2	1	3
1	4	3	2			9		
		8	9		1	5		4

Puzzle 95

	8	4		2				
7	2	9	5					1
	5	3	7		8			2
8		7	9	3	6	5	2	4
	3		4	5	2	1	7	8
2		5	8	7	1			3
5			2	9		4		6
3	9	8	6	4		2	1	
4	6		1	8				9

Puzzle 96

		4	2	7			9	
7	2				4	5	1	8
3	8	6	1					4
5	6		9		7			
8		1	4	6	2		3	5
9	4	2		8		6		
6	3	5	7		1	2		9
2	1	7	8	9	6	4	5	
	9	8			3	1		7

Puzzle 97

5			3	7	9		6	4
	3	4	6			9		5
9	6	1	2	4		8		
4	1	7	9	5				2
		3	7	6		5	9	1
	5	9	1	8		7	4	3
3	9		5			4	7	
	7	5		3			1	
	4		8	9	7	3	5	

Puzzle 98

		1		4	5	2		6
		6	2		3		4	
4	2	5	6	8			9	3
2	6	9	1		8		7	
	1		4			5	2	9
7	5			3	2			
	9		8	6	7	4	5	2
5	8			2	4	9	6	1
6		2	5	1		8	3	

Puzzle 99

3	8					4	1	7
		7			3	6	8	5
4		6	7	8	1			9
9	3	8	2		6	5		
5	6	4	3		8	1	9	
		1				8	3	
8	4		5	9		2	6	1
6		5	1	3	2			
1		2		6	4	7	5	3

Puzzle 100

							7	
	2		4	9	3		6	8
6		1	2		7	9		5
	8	9	5	3		7	2	6
2			8				5	1
1	5			6	2	8	9	4
8	9		3	2	5	6		7
			6	1	4			9
5	1	6	9	7	8	2	4	3

56

MEDIUM SUDOKU

Puzzle 101

		7			9			3
		6	1	3				7
4	1			7		2	9	5
	3	8				6	5	9
7				8		3		
	4				3		7	1
3			8			5		4
5	8		3				1	
1		4			2	9		

Puzzle 102

3	9		1	7	8	6		
1				2				3
		8			5			
	1			8		4	7	2
9					7		8	6
	7	4			2	9		
4	2				6	7		
	8	9	2	4	1			
	5	1	7			2		8

Puzzle 103

	7	5		1	2	6		9
9	8	3	6	5	7	2		
	6	1					3	7
8				9	4		5	
	1					4		
	5			6	3	9		
		6	2	7	1		4	
1		8			5			2
			4	8				1

Puzzle 104

7	3				8	9		
9	8	5		1	3		7	
		4	7	2	9			3
8	7							1
					5			4
5		9	1	7		3	6	
4	9			5		1	8	7
1			9		7	2		5
			4	8				

Puzzle 105

	9		1	3	8			
		1		9		3		8
3	4	8		5	2			7
	1			4		2		
	5	6	3		9	7		
			8	6	1			5
	3		2	8	6			
			4	7		8		1
7			9	1	5			

Puzzle 106

2						1		
	9				5	2		
	7		4	1			5	
3	2					4		
8	5	9			4		2	7
4		1	7					9
	1	6		8	7		4	
5	8	2			6	7		
	3			9	1	8	6	5

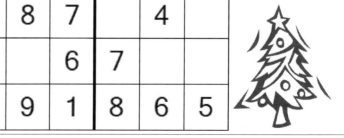

Puzzle 107

2	9	7	8		1	4		
4	5			2		7		9
3	6			9		2	1	5
					8			7
			5	3	9	8		
	3		1					4
1								
7	4	6	9					8
5			3			4	1	2

Puzzle 108

	1	4			6	7	9	
		6	5	8				4
8							6	5
			2	7			8	6
	6	8		3				7
7	5	3	6		8		1	2
	8	9		5			7	
3	4				7			
6						4	5	

Puzzle 109

6				7				
5	4			2				9
	9	1		5		6	7	
							4	7
8	2		7	3		9		
		5				2		
	1	8	3	9	6	5	2	
2	3	6		4				1
	5		2		7		6	8

Puzzle 110

6		8			1			
9	2		7					
	4		9	2		3		6
					7	5	4	
1		7					6	3
					6	9	2	
4	7	9		8				2
		2		1	9	7		4
5	1				2		9	8

Puzzle 111

6	7		8				5	
	1	2	7	4				
	4	9				2		
4	8	6		3	1			
				5		1	8	
	5	1	2	7		6		4
	2						4	7
					2		1	9
9	3		5	1			6	2

Puzzle 112

2						8		5
4			1	7	2			6
						4		
			8	3	5			1
3	8				5			7
	9	6	7				2	8
	1	5		9	4	7	6	
	3	4		1		2	5	
9	6	2	5			1		

Puzzle 113

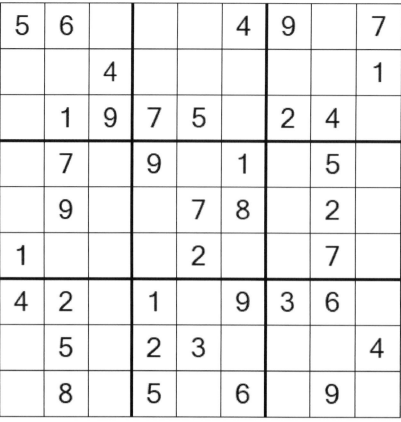

5	6				4	9		7
		4						1
	1	9	7	5		2	4	
	7		9		1		5	
	9			7	8		2	
1				2			7	
4	2		1		9	3	6	
	5		2	3				4
	8		5		6		9	

Puzzle 114

			4	8				
5	6			1		4		8
		8	5	3		9		
	2	5	9		8	6	3	
		1	6	4	3	8	5	
	3		2	5			9	
					7	1	8	9
	7			9				
3	8		1				7	

Puzzle 115

	6							2
3	7	2			5		6	
5			1			7	3	
7			2			3	9	4
		5	9		4		7	6
		9	6		8	2	1	5
				1				7
2		7	8	4			5	
6			3		7	9		

Puzzle 116

7			8	9				
9	1	8		5		7	4	6
3		2	6					
		9			4		6	7
1	7		9		3			4
4					6	1	3	9
5				6		9		
					9	6	7	
6	9		2		5		1	

Puzzle 117

			4	5			8	7
		6	9		1	2		
	7	9		2				
1	5			9				
		3			7	4	9	2
		7	6	8	2			
7			2				5	
	6			3	5	7	2	8
3	2	5	7	4	8			

Puzzle 118

	3	8	1			2		5
		7		3	4	9		
		1				7		
8		9	5		3	4	1	
5		4		2				
			4	9	5			7
7	1	5	6			3	2	
3			4	1			5	
		6		5	2		7	8

Puzzle 119

1		4	7		2		3	9
			3			4	2	
5	3	2	8	1	9	6		
		9					1	
7	4	8	2					
	1	3	5		7	4		
			4	2	6			5
9		6	1	7			8	
			9		8			

Puzzle 120

					9	8		
3	8	2	1	6			4	
9	1	7			2	3	6	
			3		6	1		2
5	6		9	2	8		7	
						6		
	2	8			3		1	4
		3		1				
	5			8	4	7		9

Puzzle 121

1	6	2				9	7	
		9			7			
5								
3	2	7	5		6		1	
9		6	2		1	4		3
		1			9		2	7
2	3		1		5			
6	9	5			8	2		
7		8			4		6	

Puzzle 122

2			9		7			1
		9	5	2				3
1							9	2
9	8			1				
			7	5	6	8	3	
3		7					5	4
5	7				3		1	
8				7		4	2	6
6	1	4		9		3	7	5

Puzzle 123

2		3	1		9		5	7
				5		3		2
5						9		
1	5	9	2				8	3
6			3	8	1	5		9
	8		5	9			6	
	3			1	2	6		
4						7		
7	6			4		1	3	8

Puzzle 124

8	3		1	9	4			7
		4	3		2		1	5
	1	2	5					9
				4	3			6
1							7	
3		8		7		9		
	8	1				7	9	
	9		4	3		5		
	6			1	9	2	8	

Puzzle 125

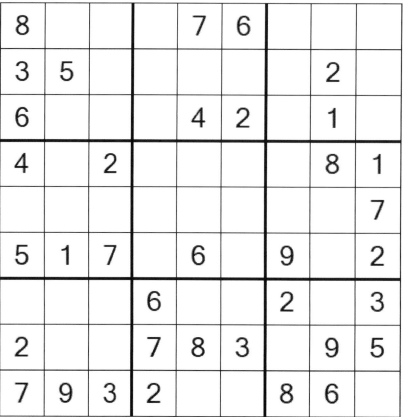

8				7	6			
3	5						2	
6				4	2		1	
4		2					8	1
								7
5	1	7		6		9		2
			6			2		3
2			7	8	3		9	5
7	9	3	2			8	6	

Puzzle 126

	1	7	5			8	9	4
				6				7
		5	4	7		6	1	2
			1					9
7			3	8				1
8			2	5		3		
1			6				2	8
5		9	8	2		1		
	2			1		9	6	5

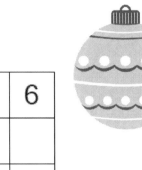

Puzzle 127

1		4		5	3	9		6
	2	5		8		4	7	
	8	9	4	6				
5	3	2						
9		7		2		3	5	
4	1				5	2	6	
		6			9			
	9	1			8		3	7
	4					5		1

Puzzle 128

			6			9		2
5		2		7	9		4	
				3		5	1	
1	2		3	9				
3				4			6	9
	9	5	2				7	1
	8			1	6			5
9	6	1				7		3
			9	2	3	1	8	

Puzzle 129

6		9	3		7	8		5
7		4				3		
1	3		8	4		7		
9	1		4		8			7
	6					5	8	
	4		6					1
2	7		5	8		1		
			9		2			
4	9		7			2	5	8

Puzzle 130

3			5	1	8			4
9		7			4		3	
		1	3		7	6		8
7		6		5	1		8	
1			7	4		9	5	
5	4	3	8	6				1
			1	7				9
8		9						
	7		9	8				

Puzzle 131

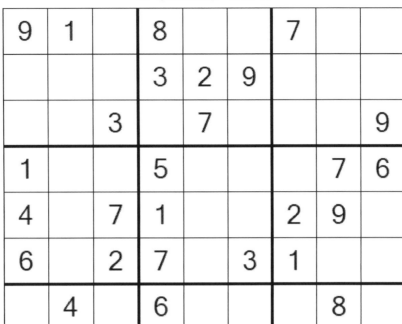

9	1		8			7		
			3	2	9			
		3		7				9
1			5				7	6
4		7	1			2	9	
6		2	7		3	1		
	4		6				8	
3	8				4	6		7
		6		1		3	2	

Puzzle 132

	9		1				4	7
	4				2		8	
3			4	6	7	9		2
6		7		1	4		5	3
			7			6	2	
	3	4						
		3	2		8			5
4						7	3	1
	7	5	3	4	1			

Puzzle 133

6		5				9	4	
7	4		8					
	2	1		5		7	8	
5	1		4		3			
4		2	7	9			3	8
			5	8			1	
	5			7			9	6
		6	9		5	8	2	
8	7				2	3		

Puzzle 134

			3		2		9	6
		6	7			4	1	8
9		7		8	6			
	3	2	4	6				9
7	1			2		6		
		4	9	3	1	2	7	
				7		3		1
4	7		6					2
			5		3			

Puzzle 135

1						9		
		3	5	7				
	6			1		3		
	4	2			9		1	7
7	3	6		4	1	5		8
8			6	5	7			
			7			4		
6	8				5		3	2
	2			6	3	1	8	5

Puzzle 136

3				8	1	2	6	
				4			3	8
	6			9			7	5
7	5		4					1
9	2	1	7	3	5			
			1				2	7
			3				1	
5	1	2		7		8		
4	7					9		6

Puzzle 137

	6	7	8		5			4
	4		6			3		
			7	4				
	3	5		7	8	9	6	
	8				1	5		
6	1						8	
	5	3	4					2
2	7				3	4	9	5
		4	5	2			3	6

Puzzle 138

		7	8		4			2
	8		9		2	6		3
2		9			3		5	7
3						5	9	4
9	5				6		2	
4	7				5		8	6
		4	6		7			5
				2	9	1		
	1		5	3				

Puzzle 139

9					3			2
	1	3	8	2	9			7
5	6					3	9	
	8	4			6	2	5	
6	3	5		4				
7				1		6		
3					7	9		
	4	1	3				8	6
8			2				3	5

Puzzle 140

		3	5		6			4
	5	9	4					
		7		6	4	2		
1	6	2		5		4		8
	4	8			3	6	9	
		1	3		2	7	6	5
		6		1	5		4	2
2		5		4	7			

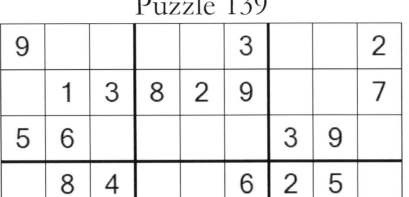

Puzzle 141

1		2	6			5		
		6		4				7
	5	7	3		1	9		4
2			9	3	6		7	
6	9	3	4		8			
7	8		5					
		8	7		9		4	
4	6	1		8				
				5				6

Puzzle 142

8	4		6	1		7		
7	1	3		8	9	5		6
6	9	5		7		8		4
	7	4						9
3					4	1		7
	5					4		
		1					3	8
	8				1	2	7	5
			6	8				1

Puzzle 143

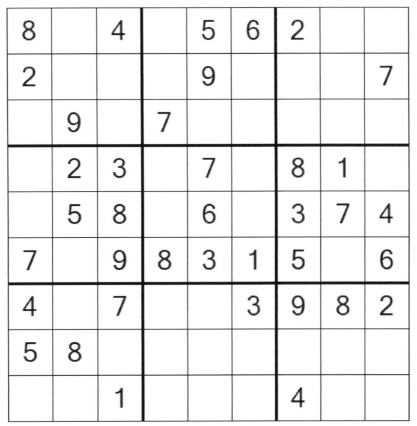

8		4		5	6	2		
2				9				7
	9		7					
	2	3		7		8	1	
	5	8		6		3	7	4
7		9	8	3	1	5		6
4		7			3	9	8	2
5	8							
		1				4		

Puzzle 144

3		2		6		4		
8			2			1	6	7
			4		8	3	2	
			9		1	7	5	
	3			8	5		9	
	7			3			1	
7	6							
		3	1	7		5	4	
1	5		3	4	9		7	6

Puzzle 145

6	7				1		4	5
	4	2	8	5			1	
			4			3		
2	5		6	7	8			
	6		9	4		5	2	
	3	4	1			8		
		3				6		
				3		1	8	4
	1	9			6			2

Puzzle 146

1							8	
7	2			3	5	9	1	6
3	8			6				5
		6					2	
			4	1		6		8
	3	8	5				9	
			1				6	9
6		1	7	5		8		
8	7		6			2	5	

Puzzle 147

		2				6	4	
	3	4	6	9	7	1		
6	9			1				8
		8	5		3			1
5					9			4
1				2			5	
2	7		9			5	3	
4			2		6	8		7
	8				1	4		

Puzzle 148

	6		3	7				5
2	5	4						3
3	9		8		4			2
				1		3		8
8	1	3	2	6				
5						1	7	6
		2	9	8		5		
	8	5	1					
4	3	1		2	5	8		

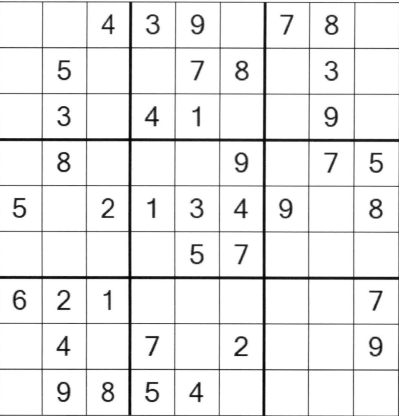

Puzzle 149

		4	3	9		7	8	
	5			7	8		3	
	3		4	1			9	
	8				9		7	5
5		2	1	3	4	9		8
				5	7			
6	2	1						7
	4		7		2			9
	9	8	5	4				

Puzzle 150

			4				2	
		8		9		4	5	
7	4	9	2	3	5	8		1
	2	4		7				
6								
5						6		7
8			3		9		1	4
4	5	1	7	6		9		
	9	2		4		5		6

Puzzle 151

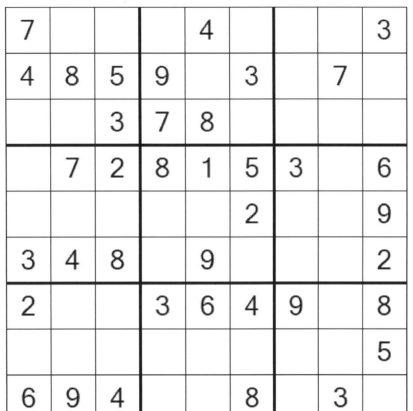

7				4				3
4	8	5	9		3		7	
		3	7	8				
	7	2	8	1	5	3		6
					2			9
3	4	8		9				2
2			3	6	4	9		8
								5
6	9	4			8		3	

Puzzle 152

	3	1	6	9	8	2		5
						3		
		5		3	4		6	
3					9		1	
	6							9
1	2		4	5				8
8	4	3	9	6		1	2	
	7	6		8	1	4		3
5							8	

Puzzle 153

1			7	2	6			4
6							1	
	9	7	5					
9	3	1	6	5			7	2
5						3		1
		8						
3		5		6	1	4	9	
2			9			6	5	3
8				4	5	1		7

Puzzle 154

			7	6			5	1
7		8				3		9
					3			8
		6	1	3				
3	1	9			2	5	8	
2	4				9		3	6
6		7	9	5		8	1	3
1	9			8		6		
		3				7		

Puzzle 155

		3				8		2
	6				5			
		1		9		6	3	
8			6			4		
5	1		4	7	9		2	8
9			8		3			1
		5	7	3	4			
3		8		6	2		1	4
		4	9	1		2		3

Puzzle 156

3	5			9	8		1	2
			5	1	2	8		4
1		2	4					9
	9	3						6
		5		6	3			
			9	2	5	3	8	
9			1	3		7		5
							2	9
5	6		2			9	1	

Puzzle 157

6	7				4	8	5	
		9	1	5				
2		3	6		7			1
	1	4	5		2	9		6
3	6	2			9			
	9	7		6			4	
	3		9		5		8	
9	4	8						
7					1		6	9

Puzzle 158

			1	4	3			8
4					7			5
			9	5	2	1		7
7	3		2			5		1
2		5			6	8		
	9	6					3	4
6	8	1		3		7		2
		9	5					6
5		4		2	1			3

Puzzle 159

8					7			
1			5	3				7
		6			9			8
	3		7	6	4	8	1	
	8	1	9		3			5
	4		1	8			2	
	5	3		9			8	
		7	8			9		1
9	1					5	4	2

Puzzle 160

		3						6
4	6		2	5	1			
	1			6		4		7
			3	2	9	1		
	8	1		7	5	9		
7						8	3	5
		8	7	3				1
6		2			4			5
1			5	9		2		

Puzzle 161

6	9			7			2	1
			3	2		5	7	
7	2	5	1	4			8	
	6	1	8	9				
		8	7	1	5			6
9		7		6				
		2			7	9		
3	8		4			7	6	2
				3			4	

Puzzle 162

		2			9		3	
4				5	3			
3			2	6		5	7	
8	4	7	9	2			6	
9	3							
		1	3	8	7		5	4
7			1	9			4	5
	8		4					
		4		3	2		8	6

Puzzle 163

		3		1	4			
	6		7		3		9	4
	1	9		6	5	8		
					6			1
8	5		1	3		6	4	7
1			4		2			5
3						4		8
5			3	4			2	
6		4	5		8	3		

Puzzle 164

7	3		8	2				
8		2	1		4	5	7	
4					5	8	2	3
					7	2		
		8	4	6	2			5
			9		3		8	7
5				4	8		6	
		9			1		5	
3		7		5	9	1		

Puzzle 165

				4	5		2	8
3	7		2		1		6	
	5	8	7		9		4	
	1	6	4		2	3		
4	2		5		3	8	1	
			6			2		
6		3		5		4		
7	8	2						
		1						7

Puzzle 166

3	7			5				4
				7	6	1	5	3
		5		1		9		
1				4	5		9	7
7		3					2	6
	4	9			7			
9		7			4			5
2	3			6			1	9
5	1	6		9			4	

Puzzle 167

	1		3			2		9
2			1				4	
			2	4	8	1		3
		2	9	5	3	6		
9				7			1	2
	6	5			2			
8			5	2	6	9	3	
		1	4			9	7	
6	2		7	3		4	5	

Puzzle 168

5					8	3		1
				3	1	6		
	7				5	8	2	9
		7	3		2	5		
2	1			4	6			7
	6	9						
		2		8	3		9	
	3	4	7	1				8
8	9	1	5			7		

Puzzle 169

4			9	8				
5		3						9
8			2	5	3		7	
2			3		8		5	
		7			4	3		2
3	6				5	9	4	
			4			2		7
6	2			3	7		1	
		4	8		2	6	9	

Puzzle 170

			4	9			2	6
2		6	8					
	4		7	6		5	1	
8	6		2	3	7	9		
	7			4	9			2
	9	2			8		4	
					6	1		
			1	7			8	
9	8				5	6		4

Puzzle 171

			5		6		3	
				4				
	5	6	1	7			4	8
5		9	3	2	4	1		7
4	1	3	7	5	8		9	
6	8				9			5
	3		8	6	5	9		1
	9			1			8	6

Puzzle 172

		5	8					9
	3			1				7
			6	2				3
1		7	2			9		
6		3				8		5
5	9	8		7		1		
	7		9			4	3	
		4	7	6	2	5		
9	5		1			8	7	2

Puzzle 173

4	8		5	3			2	
6	1			2	4	7	5	
						3		
	3	6	4	1			9	
					9	2	3	7
8	9	2		5	3			1
3			2	4	8		7	
						4		
	5		9		1			3

Puzzle 174

	8				9			
5			7	3	6	8		9
	3				8	6		
7		6	2	8			3	
9			6	5		7		
	2	4						1
4	7				2	1		
	6			9	7	2		8
1				4		3	7	6

Puzzle 175

5	1	2	6	7	3	9		4
		4		9			1	
7		9				3	6	5
2		8	7			5		6
		3	5		8	4	7	
		7		4				
		1		4	6		5	3
	7				2	6	4	
				5	7			

Puzzle 176

5				8		9		3
		8						5
3		2	6		5	1		
7		3		1		5	4	
2	4	9						8
8				4		3		
		5		7	4	6	3	1
	8	7						9
		4	5	6				7

95

Puzzle 177

4		7		9	5	2		
9	2		1	4	7	3		
3	5						7	
	8				1		5	
5					4		3	2
1		3	2		6	4	9	
6		9		2		8		7
			4					9
8				7		5	4	

Puzzle 178

2			8	5		7		
6	9							
8	7			9	6		2	
			2	8				3
3	2		7	6				5
				3		4		
1							8	9
	4		6	1	8	5		7
5	8			7	9	2	4	

Puzzle 179

				9		7		
	4	7	2		5			
5	6		1				9	8
	8			7		2	5	
7	2	5	8	1	4			
	9			5		8	4	7
4	3		9	2			7	
6		1						2
	7					3		4

Puzzle 180

1	9	8			6			7
	7	2	9			3		
		6				1	8	9
		5		9	2			4
		1		3			9	
		9	1	8		7		
8	1	7	5		9	4		
5	2			6		9		8
	6	4						1

Puzzle 181

				1			9	4
	1					5	2	
		9	2	5	7	3	8	
			3		2	1		9
7		1		6		4	5	
		6		4	1	2	7	
		5		3	9	7		6
4		7				9	3	
		3						5

Puzzle 182

	3		8	5		4	2	6
6		5			2	8		
8			3		4	5		
4			6		7	3		8
		3					9	
7						2	6	
		6			3			
2	5				8	6	7	
		4		1		9	8	2

Puzzle 183

9	1	4			5	2	8	
8			9			5		
				8		4		
			2	4		3		9
2	6	9	3					
4	3	7		5			6	
	4		6		1	9		8
5	8				2		3	1
		1	5	7	8	6		

Puzzle 184

			8			7		
		7	4	9				
2	8		5	7	6	4	1	
	7	6			5			
		8	7		1			4
	2	1	3		4	9		
	3	4	2	5		1		6
	5	9					4	
7	1	2					8	

Puzzle 185

8			3					7
5	3	6					9	1
4		7	2			3		5
	9	4		3				8
6		2		9			4	
7	8	3	5			9		
2				8				9
	7	5					2	4
	4	8				1	7	

Puzzle 186

	1			8	5			7
			2	9		8	3	
		8		7		4	2	5
4		7	8	1	2	5		9
1					7		4	2
5	6	2	9					
	7				4			
9		4			8		5	
8		6	1	3		2		

Puzzle 187

7		4		2			9	8
8	1	3		7	9			
9	6	2	5	8		7		
	8		2		4	1	7	
5				9		2	8	
	9		6				3	4
4	3	8						
1						8		
				3	1		5	7

Puzzle 188

	3	8	6	7	5	9	2	
1	2						5	7
				4		3		
	1	5		2	9			3
		2	7		1		6	5
			4	5				
3	9	1			6	4	5	7
			5	9				
2	5	7						

Puzzle 189

9	1	6	4	5		2	7	3
					6	1		
5	2				1	4		
		5	7	3				
	9	8	6					2
3	7	2	8	1			5	
	8	9			7	3		1
7			1			8	6	
4					3		2	

Puzzle 190

		6			2			3
			5	7				9
	2	1	9		8		5	6
3	6			1		8	7	
	4		2		7	3		
5			6					
6	9	3	8	2			4	
1			7		4	6	3	
	7	4	3			1	9	

Puzzle 191

8			6			4		7
4	6	7		3		9	2	
				2	7		1	
					2	3		
2	5	3	7			8	9	
6	4	9	3					2
5	1				3			
9	8	6	1		5			
	3				6	1		

Puzzle 192

7		9		2	8	3	5	
			9				2	7
2	5	6	1		3	8	4	
	9	4			1		6	
		7		8	6	4		1
		2				7		
	8	1						3
6			8	9				2
			3	1	7			4

Puzzle 193

5	8		3					4
	4			5	6	1		8
	2	1	4		8			
		6					4	9
9	3	4				2		
2	1	8	5	9		3	6	
4	6		1			7	9	2
1					3		8	
						4		3

Puzzle 194

		9	5		3	1		
	3				1	9	6	7
	6	1		4				8
6	1		2		8			9
			1		4		3	
		5	3				1	
			4	8	7	2		1
9		2	6		5	4	7	
	4		9	3				6

Puzzle 195

3	8		9			2	6	
	6	7						9
		5		6	2	8	3	
6	2		7	4		9	8	
	1	4			8			
8	5		3		1	4		
9	3		8		6	7		4
1		8						
				1				8

Puzzle 196

	6	3		7			5	
			9		4	3	7	2
	2		3			4		
		4					8	
	9		6	1	3	7	4	
7	5		8	4	9	1		
8				6				
6	4		2		8		9	7
5		2	4			8		6

Puzzle 197

9	3	2				8		
				3	9	2	1	6
5					4	7	3	
	4	7			6			
	2		8	4	3		9	7
3	6							
		1		6		5		
6			7	9	1	3		
7	8	3	4	2				

Puzzle 198

	5	2		4		1		3
	7	1	5		3			
	8	4	1		9	6	2	
	2	5	6			9		1
			2			3	6	
4	3		7	9			8	
		7	3				1	
2			4	1		7		
1	6	3	9					

Puzzle 199

6								
5						4	7	2
4	8				7	9	1	6
		5	7	4	1	2	6	3
2	7	6			5			
		4					8	7
9		8			6			
7				5		8		
3	5		8	7	9	6	2	

Puzzle 200

8	5					3		7
6	9	2		7	5			
			6		4			9
1					7			4
	4		2	1			8	
9			4	5	8		7	
5	8	9	7	6		2		1
		7	5	2				
2	3					7	9	

HARD SUDOKU

Puzzle 201

				8		7		2
		2					9	5
6			4		5			
9	8						3	
			5			6	7	
	5			9	1	2		8
	1				6			7
	9							
	6	5	1			8		

Puzzle 202

			1					9
4				5	7	2	3	
				2				
		2				8	5	
5		7		8	9		4	
3	4			9	1			
	8	1	5	4		7		
7					3			

Puzzle 203

			9	4				
			1			6	7	
	5			7	6	3		
2								
8				2	4			1
	4							6
	7			9	8			
	6	8	4	5		1	3	
	2		3					9

Puzzle 204

		6	7	1	9			8
	7	8	6					
2								
6	9		8					
7		1					8	2
		2		7	1			
								6
3			1		7	2		5
8	2	9		3			7	

Puzzle 205

							8	5
	7	5						
4	8		9			1		6
	6		8	3				7
				1				
3	1		6	7	2			
	4							
		7		8			5	
	9		5	2	3	4		

Puzzle 206

	6					2		
		8		7		9		
				6				7
6	8		5					
			3	9	4	6		
		1			2	4		
		5	4					
	2		1					9
8	3	6				5		4

Puzzle 207

	6				5			
9	2							
8		1	9			6		2
2			4			7		1
4		3						
		7	5		1			
				6				
1	7		8	5	9		6	
3				1		8		

Puzzle 208

					2		7	5
	7		5		9	6		
2							4	
	4		2				9	
		3	9		1		2	
9		2	6			7		
8		4				5		9
			1		8			
	1	5						7

Puzzle 209

			3			7		5
			8	7			2	
2		7		4				
	9	2		1				
5								
				3		9	1	
8		4	7			5		
	6	1		5		2	8	
		9		8	1			7

Puzzle 210

4			5		1			8
		5		9				3
		8			6		9	5
8				5				
	6		9		3			1
				6	8	9	2	
6								
3	4		7	8				9
							8	2

Puzzle 211

1			3				2	
		2		5			9	
	9		4		2			
4				1	5		8	3
			7		6		4	
		3		4	9		6	
	2							
	8		5			6		
	5	1				4		7

Puzzle 212

	3				9	2		
9			2	5				
5	2			4		9	8	
				7	4			9
		6		2				1
8			6			4		3
2						6		
		8					9	7
	4						1	

Puzzle 213

	2	6		5			9	
	3		1					7
		1	8					
3	5	7						6
						9		
		9	4	7				
	7			8		1	2	5
			9			7		
1						8		

Puzzle 214

7		9	1		4			5
	3			8			9	4
					9			
							2	7
				4	2		5	6
	4		8					
2		4				6	3	
6	8			2				
		3		7	8			

Puzzle 215

9		3				7		
		5						
		1		9		4	5	
			2		5	6		
4		8				1		
	2				8			9
1			8					4
8		4				9		
3			5		6		1	2

Puzzle 216

	7	9				5		
				4	7		6	
			5		1	8		
9	5		1					6
		3		2			5	8
		2	6	8				7
			2		6	4		3
						6		5
						7	1	

Puzzle 217

5	3		8	7	2	4		
		4	3			7		
	8	7			4			3
				6	5		7	9
			2		9			
					8		4	
						3		
9			5				6	
	7	5			3			4

Puzzle 218

2		8						
	1	6		8				
3	9							
		2		1			3	
		9		4	3	7	2	
				5				9
				6	7		1	2
	7				2		4	
	2		1	3	5			7

Puzzle 219

			7		1	4		
1		4	5				2	
2	3		4				1	5
		3		1		8		
5		7						
		9	3	4			5	
8		1				5		
		5			2	9	6	
			8					7

Puzzle 220

			9		7			4
	4		6	5			2	7
				1	5		9	
6	7	5				4		
				2				
	2		8	7		5		
3	8	1						6
7			2		3			1

118

Puzzle 221

9	1	3		6				7
7							2	6
							1	
			9		1			
4				5				
	8		2		4		7	
			2	3	4	5		
	7	8		4				2
3		2						

Puzzle 222

			9	1		6	3	2
		1						
			4		3			
	8				5	4	1	
			2					9
9	7					8	2	
1				2			5	
	5		8					
		8	1		7	2		

Puzzle 223

					9	1	8	
	7		4					
		3		5	7			
	8	2	9				4	
1	4				5			
			1			2		5
7								
3	5		7		8	4		6
	6				5			

Puzzle 224

9					2			1
	2		7	8				6
		8		1				
2		4		6	9	3		
7					1		9	4
	9		4			8		
	3		2			7	4	
								9
		5						

Puzzle 225

		9					4	2
					3	9		
		6		5			8	
		7		9		8		
	2				4		9	
		8			6	2	5	
8				2			3	
		4	6					8
			3					7

Puzzle 226

8					4	7		
							4	1
		3	9			2	8	
1	4			3				
			4		8	7		
	5			9	6			2
			2				6	
3				1				
2	1					3		4

Puzzle 227

	4		3		9			
		5					2	
	7			2	8	3		
5	9			4			3	
4		3			2	8		
		7		9				4
2							8	
6		1	2	8	4			9
		9						

Puzzle 228

7		8				3		2
2	4				3	7	1	
9	1							
				1				
4	7		5					
		1	4	8	7			
	3	4		7				8
8	9	2		3		1		
				5				

Puzzle 229

1	9				5	3		
7	8	6		1				
						6		7
		1			3			4
2		7						3
		9		7				2
			9	2	7		3	5
	5			4	8			
						8		6

Puzzle 230

			7	2	1	8		
	1			3	6		4	7
	2				9	3		5
			1	8		4		9
		1			4			
5					3		8	
				9	5		7	
	5							
9		2	6					

Puzzle 231

			5		8	9	1	
	4							5
9	5				2	3	4	
8		4		2		5	3	9
2								6
	3		9					
5	2		4		7			
		3		9				
			1				2	

Puzzle 232

3		1		8		7		
			7	3				
				6			5	
4					7			
	3					5		7
	5		3			2	8	
5	7							2
		4				8	3	
	8		9		2	6		

Puzzle 233

		9					7	8
8		5		1			9	
		7		9		3		6
				8				
		3			6	7		1
		6		3	7		2	
7			3					4
			5	7	2	1	6	

Puzzle 234

7						5		
	4	2	1		7		3	
	3	5	4	8				
	2					1	6	5
6		9						
					2	7		
			3					4
		7			4			
		6					2	

Puzzle 235

			2	1		3	7	
							8	5
1					7			
6				5	9			
	2		4					9
5			7					8
	8		1	7		2	9	6
				2				7
3			6					1

Puzzle 236

5	7	4	6		1			2
1			2	3	4			
						6	1	
3	2		5			8		
		8		4				7
	4				7	5		
4								8
		5						9
	8				9			3

Puzzle 237

	7	4		9				
			2	5				8
	5		8				9	
			5	4				
1					2		4	
		6	1				5	2
	4	9						3
	2				9			6
7			4			9		

Puzzle 238

1	2	9				8		
7	4		2			1	3	
			7					5
2			3			5		
	6	3	1	2		9	4	
5								
4				8		5		
	5	7			3			
								1

Puzzle 239

		9		1	4			7
	6	3			5			
							9	
3	1	6	7					
				3				1
	2	4	1					9
		7	4			9	1	
			3			2	4	
2				9		8		

Puzzle 240

1	3		4	8		5		
	8	4			7			6
9							4	
4	7				9	6		
	2		7	4				
	5			3		2		
						7	9	
			8					
		6	2	7				5

Puzzle 241

9				5		1		
				2	7	3		5
					8			9
	2						3	1
1	9			6				4
3					1	5	9	8
	7							
	1	6		8		9		2
5				4				

Puzzle 242

	2			1	8		6	
9				3				
		6	5					9
	7	2			1		9	
5	8					6	4	7
	6		7					
6	3					8		
		8	3	7		9	5	6
						1		

Puzzle 243

2			4					8
5	1	6	8		3			
		3						
	5						9	1
9			3		1	8		5
	2				5		3	6
6	7			3	2	5	8	
4								2

Puzzle 244

4		7		6				
				3			6	2
	2		4	8				
		3	1			8		
7				4	6		1	
	1			7	8			
	7						9	
9			7			3		5
	4							6

Puzzle 245

			4				3	
3		4			7			
			8					2
	9	3			8	2		4
	4	2	6	9				
1								7
		5	9			8		
8			5			6		3
4	1	9						

Puzzle 246

	5					2	9	
		3						
4			1		5		6	
	9							
8	4						3	6
		6		9	2		8	
		7	2					8
	1		7	8	6		5	2
				5		6		

Puzzle 247

		2	6	5		4		
3				9			5	
	5							
	7	9					3	5
		5		3	9	8		2
	8	3						
		1			2	3		
							2	6
9				4	8			

Puzzle 248

6								7
3		4				1		2
1	7			3		6		
4			9	5	3		2	6
			8			9		
			1				7	
		6	3	2			9	
2					6		3	
	4				9	2		

Puzzle 249

	9	8	3		5			7
	6		4					3
2	4						8	
5			8					
6				7		5		
		7	5			9	1	
					2	3		
					3			9
4		1		5				

Puzzle 250

3		4					8	1
7								2
				4		3	7	
		2	1				5	
8	4	9		5		2		
		7		2		9		8
							4	
			8	1	7			5
2		5	4					

Puzzle 251

	7				1		5	3
		5			8		1	9
		6			2			7
			6	8				
		7		5		3	9	
	3	8	9		7			
9	5	3						4
		1					8	
			7					5

Puzzle 252

			1	8			5	
7				2				
4	2			3		1		6
				1		7	3	
9	1		6	7				
				5				9
	6				2			
	8	9		6	5	3		
	7		8					

Puzzle 253

		7						8
	8		4		5	1	2	9
			6	8				5
	2							6
	5	1	8	6			7	4
9	7							
8		4			6			1
	6		1					
	1					6	9	

Puzzle 254

			8					3
					3			
	8		2	1		5	9	
2					9	3		
		9	6	2	5			7
		5					6	
	1			6		7		
	6		3			9	4	
		4		9		1		

Puzzle 255

9			4				6	1
7			6					
	6	1	8		3			9
		6				7	4	
		4						8
			2					
	2				6	1		3
		3	7				9	
				4	5	6		

Puzzle 256

	9	5		4	2			
		7		6		8		
3					5			
	5	2	8				1	
4			1					
				2	6	5		9
	1				4			8
	2				8	9	5	
9	8					6	4	

Puzzle 257

		1	2	8				
					1			
8	2		5			1		
	9	7		6		5		3
	8				7		4	
		4			9			
	3	9	7			6		1
		5					8	
		8	9			3		

Puzzle 258

6			3	5				
	8	9			1			
7		3		8	9		5	
	9				6			
		5						2
								7
	5		2	6			7	4
	4		1	9			8	
1					9			

Puzzle 259

8						6		9
								5
2					5	4		
		2	9		8			3
3			2	1		7		4
9					3	1		
		4	8		9		1	
		3			1			7
		9	7					

Puzzle 260

2				5			4	
			2		3			
						2		
			5	3	1		9	7
		7	4	9		6		3
3			6				2	
		8		7				
9			3					4
6	3					7	1	5

Puzzle 261

1							9	
2	8	6	5					
5			2			3		
9		5			4		8	
	7			5	3	6		
						4	5	
4		2	9		8		7	6
				6				1
6		8					3	

Puzzle 262

4	2						5	
	6			5			9	
			9		2			4
3				2				9
	8		1					
	9		4				7	
6		7		9	3	1		2
	1				7		4	3
8								

Puzzle 263

					8	2	5	6
4	8							1
			1		7	8		4
				3	1	5	4	
9			7					
3				5	6			
8	9		4			3		
2				8				5
1							2	

Puzzle 264

		6				5	1	9
5					9		7	
7		9		5				6
3		1			7	8		2
			8				6	
		7	3					
	5		7					
6	8	3						
					1			8

Puzzle 265

		8		7		5		9
	7				9	8		
9	4		3					
6						9		
7	9			5				2
	8	5			6			
4								
	6	7				2		5
	5	1			4	3	9	

Puzzle 266

1	3					9		
4					8	1	5	
			4	6				8
5								9
			8			4		5
		2	1					
	7				3			
2				1				
	4		9				2	6

Puzzle 267

	6			9			4	8
3		4		1	6			7
		7	3		4		1	
		9					2	6
			1					
	3	5	4			9		
7					3	5	6	
6		3					9	
	5							

Puzzle 268

5	9		4				8	
		8	2		5		7	3
6					1			
				8				
3						1		
		9	3			8	6	2
	3	1				2		
		7		2	8			
						4	5	

Puzzle 269

				1			8	6
5	4		8			3	1	7
								4
	1		3					2
4	3	2						
7				5				
		3	1	2			4	
2	6					1		3
	8	4		3			7	

Puzzle 270

			4					
	5			9	2	8		3
				8	7	1		
8	7	5						
		9		7				1
3	6		4	9			5	
		7						
			6	8				
1	8	3					6	

Puzzle 271

	4	6						8
		9	3			2	1	
	2			6	8	4		
							4	
			9			8		2
	8			2	1	5		
			4			3	2	
7	9							
			8				5	4

Puzzle 272

			6		1	2		8
	2		3				7	
		1	2	5				
			8	7		5	6	
		3		4				
8						9	1	
			4	2				
9				1				
	7		9					2

Puzzle 273

			9		8	2		
8							9	
	5			7				
2					9	3		
	8	6			7			5
	3	7	4					
5				9		7		6
	6		5	2	4			8
			6	3		5		

Puzzle 274

		8				7	5	4
				7				
		1	5			6		
		3		1				5
	2		3		6		9	7
1			5			4		
		6	3					
	5		9			6		
	4		1				7	8

Puzzle 275

4			8	1		6		
	3		4				8	
				7				
						5		
7	9	1	3				6	
5			9		7			4
2		4			9			
3				2		8	9	5
			6		8		2	

Puzzle 276

		7				5		6
			8	7		3	2	
			3		1			7
	9		4		7			
7			6	3	9	2		5
5				8		7		9
	5		9					3
	6	9		2				
					3			

Puzzle 277

		2						
		1	7		9	2		
5			1					9
		7			2	4		1
4		6		7		9		
9						5		
7	4			8				
			4	1		3		
					6			8

Puzzle 278

9			3			4		
								9
6						1	3	5
4			5	1	9		6	
							1	
		3	2	7		8		
8		5	1					
	9		4		5			1
		1			2	3		

Puzzle 279

5							7	
2	4	6		5				
				9	8			
7						2		
		8	9		5		1	
	5	2	4	7				9
8			7			3	2	
				3		4		
		4			2	9		

Puzzle 280

					1		8	
9	1		6					5
						4		7
2		1	3					4
			4	5			9	1
7	9					2		
			2			1	4	
				6	4			9
4	3		9		8			

Puzzle 281

		2			7	4		
1		5					8	
			8			6		1
	2			4				
5	1				6	9	2	
3		6		7		2		4
2				6	9	5		3
7				2	4			

Puzzle 282

3		8	5			2	4	7
9	4			7		5		
			4				8	9
4	2					9		
						6		1
	5					8		
2					7			6
	9		2					
	7	5		4	1		9	2

Puzzle 283

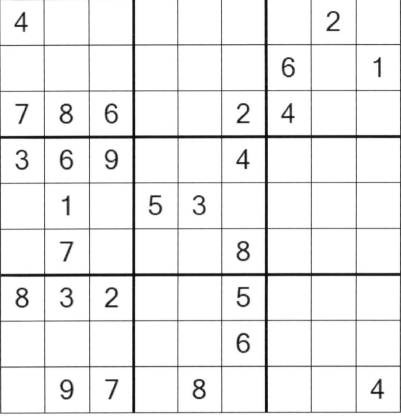

4							2	
						6		1
7	8	6			2	4		
3	6	9			4			
	1		5	3				
	7				8			
8	3	2			5			
					6			
	9	7		8				4

Puzzle 284

2		9			8			
	4	3						7
	5	7	3					
		8			6	9		2
			5		1			3
5								
			1					5
				3			2	6
	8			5	2	7	9	1

Puzzle 285

4	7	9					8	2
		3			2		7	
8		2						
		6		7				1
					6	9		
	2	1	8		5			6
2			4	6	7			8
	9	4	1			7		

Puzzle 286

2			3	1	6			
							3	
			8	2	9			
			6				1	
7						4		
			5	7	8	6	9	
6		2	1		4	8		
	1	3	8	6				
4					9	3		

Puzzle 287

	7	4				3		
2							1	
	5			1	7			4
5	4		8		6		2	
						5		
3	8				5			
	3		5					
8	6		3			1	4	9
		1	6				3	

Puzzle 288

	5		4	2	7			
		8	6	5				
4	9	6						
		4	2				3	
				6				8
5						4	7	
				7				
	8		9			6		3
		9		3		1	8	

Puzzle 289

				2	5	4		8
				9			6	
4	3		1		8	2		
		5	9			1		2
1						8		6
	8					9	7	
	9			4				
		4						
2		1	6		9			

Puzzle 290

	9	2	6				4	
		3	2	9	5	6		
			3		7	5		
	3				8	2		5
4								
6				5			3	
9		1						
		7	1					
2			5	3		8		

Puzzle 291

		1		7	6			
							9	5
	2		4				7	
			8	4			6	
7	3	6			1	4		
8						2		7
			3	9				1
2					4			
9	6		2	1				4

Puzzle 292

				6	2	3		7
	8			5	7		6	
						5		1
5			2			7		
	7			4				
		3				2	4	9
			7				9	
	6		3					
1		4			8			2

154

Puzzle 293

			4		5			1
3		2					8	4
1				8		7	5	
		9		6				
2	3		8					
	1		2			6		
9			1		4			
8	7					3		
			9	7			1	

Puzzle 294

					1	3		7
		3		8		4		
5				4		6		
						5		
2		4	5			7		
3	8	5					4	2
	5		7		3			
	3	8						5
		7			6		3	1

Puzzle 295

5			2	4				7
9			3			8		
						2	6	3
7		2	8		9			
								2
		7	2	4			5	
6		3	9			5	7	
2		8	6	7	1		3	

Puzzle 296

6		5		4	7		9	
9		7			2		4	
				5	9		3	8
		6					5	4
4			2		8		7	
	7			9				
			8					
						2		3
	6	4			3			

Puzzle 297

1					3		5	2
	5	7		2	1			
	3		8			1		
	7	4			5	2	3	
					9	8		7
			4					5
	2							
5				1		7	8	
			6		4			

Puzzle 298

4	2			1				6
				4		3		
			6		2	7		
		2			3	6		9
	8					2		3
	3		4			1		
6			7		4		3	
	5		1					
		4	2		9			

Puzzle 299

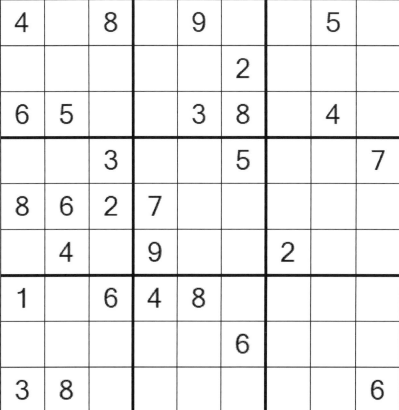

4		8		9			5	
					2			
6	5			3	8		4	
		3			5			7
8	6	2	7					
	4		9			2		
1		6	4	8				
					6			
3	8							6

Puzzle 300

			8		2		5	1
	8							7
			9		4			
3		4		1				
	2						7	
1		9	5		8	3	2	
				2	6	5		9
		2						
	9			5	1	2	6	8

VERY HARD SUDOKU

Puzzle 301

2		1		9			8	7
		6			5			
	7	5				4		
3			5					
5		8			3	9	7	
					4			
				8			5	
			2					
	8	9	4				1	

Puzzle 302

5	8		7	4				
	9			8	3			
				9			1	
7					8			
				2			5	
	5	3			4		8	
8		6					3	1
3					7			5
	2	5			9	4		

Puzzle 303

			4	3				
7			6				5	
						7		2
9	2			1		5		
			3					6
	8						2	9
		5		8				
1						6	7	8
	6					1		

Puzzle 304

	2				5		7	9
8		3			6	4		
			2	3				
3							1	
						9	4	2
	4	9						6
		7	5					
		2	3				9	
6				9				1

Puzzle 305

6						7	8	
	3			4				
1					2			3
					7	4		
				8				
		2				9		6
			6		9		1	
9	6			1	4		3	
2								5

Puzzle 306

5			7					
		1		6			4	
8			3				1	
		9					2	
7						3		
				9	3	6		1
1				3	2			
4		5		1				
		8						2

Puzzle 307

								9
	9	7	8				3	6
3				5				1
4	8	1					5	
						2		8
				3			7	
6			7	2				
	1	3	5				9	

Puzzle 308

	7			4	9		8	
3		1				5		
			3					1
		3	6					
	8			9			3	
		2		5		7		4
	1			7	4		5	2
							8		7
						4		

Puzzle 309

						2	6	3
	4							
						5		9
	3		6				7	5
6				1		3	2	
8	5		3					
2			1		9			
		5		2				6
		1	5		6	7		

Puzzle 310

			4	2				6
		6			1	8	5	9
			5		9	7		
		1	3	8		2		
			1					7
	4	8						
	6			4				
			8					
		5				6	3	

Puzzle 311

	7							
		8	6					
5			1		4		3	
7				4		5		
	9	2	5	7		1		
					2	4		
1					3			
6				1		9		
	5						8	

Puzzle 312

			1	2				
2		7		8				
5			3				8	7
		1		8	4			9
	9							
8				9	5			
					1	7	2	
								3
	3	9						6

Puzzle 313

8				4		9		
				3	5		4	
7			1					
	8		2					9
	6					3	2	
2	1		9		6			
		4		7				
	9				2	1		
6								

Puzzle 314

			1		7			2
	8					1	3	
	5				6		8	7
8			7				5	
6	4	9	5			3		
			9				6	4
				7	3		9	
	7		8		9			
			4					3

Puzzle 315

		6				5		
9			5	3			8	4
3		1						
	3				2	1		
2				1				8
			8			3	9	
		7			8		1	
5	4		1	9				
				2				3

Puzzle 316

		9			7			5
	7		1		6		9	
			5					1
5	4		3	6	9		2	
	9	8						
					5			
					1	9		
	2						5	4
				7			1	3

Puzzle 317

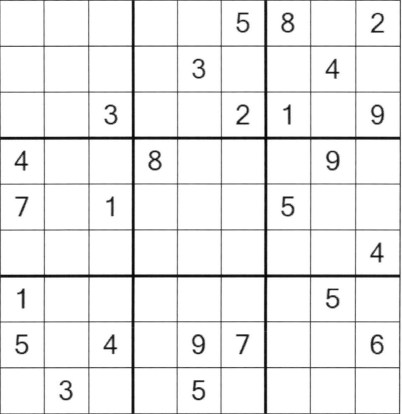

					5	8		2
				3			4	
		3			2	1		9
4			8				9	
7		1				5		
								4
1							5	
5		4		9	7			6
	3			5				

Puzzle 318

	3				9			
6						3		2
5		8						9
				9				6
1				7		8		
		7	4			8	5	2
4								7
		3	2			5	9	6
				8	7			

Puzzle 319

6			7	5		1		
	7						4	9
		9						
3	1		2	7				8
			3			6		7
								1
8	2			9				
7			6		8			
5							6	

Puzzle 320

				8	5			6
		8	1	3		2		
					6		4	
	4					7		
5	9	3						4
	8		7	6	1		2	
	7	4		5	3			
3		6	4					

Puzzle 321

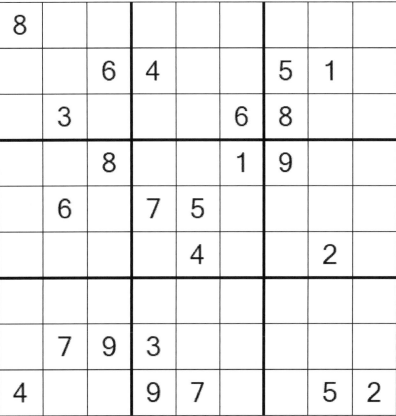

8								
		6	4			5	1	
	3				6	8		
		8			1	9		
	6		7	5				
				4			2	
	7	9	3					
4			9	7			5	2

Puzzle 322

						4	5	
		7						8
4			8					
				4	6	5	2	
1		2				8		
9				3		1	7	
8	6				9		1	
		1	5			2		
		4						

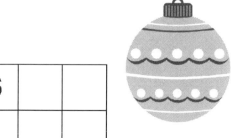

Puzzle 323

5				2		6		
		7	9		8			
							4	
		3		4				
						2	9	6
	7		2	6				3
8		5	7				3	
	1		4	3				
		4		8				7

Puzzle 324

1			2					
				5		4		3
3			4	1			6	5
		8			2			6
4	2	3			7	1		9
	1							2
		2			5	3	9	
		5						
			3					4

Puzzle 325

	5			7				
3					5	8	4	
				1		3		7
	8				7			1
					8			
	6		3	9		2		
			6		4			5
2								
5	1						8	

Puzzle 326

		3	9			8		
	6			2		4		
2			1			3	5	7
					2			8
			3		9	6		
	1						9	
		5				2		
7	3							
	8		6					

Puzzle 327

							2	6
		4		5	6			
1						4	3	
4		7			1			
	5						8	3
	9							
2						1		5
		3		6	7	9		
			9					

Puzzle 328

2				3	8	1	7	
				5			4	
5						2	8	
9	6		4					
		5				6		
4		7						
	4			8	5			2
7		3		2		5		8

Puzzle 329

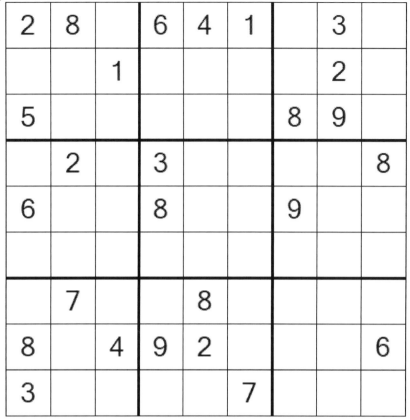

2	8		6	4	1		3	
		1					2	
5						8	9	
	2		3					8
6			8			9		
	7			8				
8		4	9	2				6
3					7			

Puzzle 330

				2	9			
		9			5	2		
	6	4				5		
	3		1					
	9							3
	7	6	2	8	3			
7					6	9	2	
		3			2	4		8
			4				3	6

Puzzle 331

2								
	6		5			1		
		7		6				8
8					9	7		
	7	3		5				1
1			6	8				5
	5					6		
7	2		9					
			1	3			2	

Puzzle 332

5				9		6		
				8	3			
	3		6		4			
		1	3			8		
7		3	9				1	2
	4	2						
1		9	2					
6							9	1
				1		7		

175

Puzzle 333

	8		9					
						3		6
		3	6	2	4	1		9
		9	2					
						9	1	4
8		1		4				7
					1	6		2
								8
4			7	8			3	

Puzzle 334

4		7			5	2	8	
	9					4		1
	1			4				
	2		3		7			
						1		
	6			8			9	
1					8			6
9				2		7		
6		3		7		5		

Puzzle 335

4	2	9	5	1				
			9					
7	8	5			2			
		3			8		4	
2				6		7		
	6							
		2		4	3	1		
	7		8					3
		6		2				7

Puzzle 336

		9			8			6
6		8			1	7		
2	5							
	9			1	7			
5	8		3		6			9
		6		8			4	7
		1				6		
8								4
			1		5	9		

Puzzle 337

9		3				2		
						3	6	
						4		5
	5		8					
				2			8	6
	6			9				
	8						5	
			9	1			4	
7				4	3			9

Puzzle 338

		5		7				2
	8	3			2			
		4	6		8			1
	1		7			9		
			1	2				
2	5					1		
				4			8	
					5			
	6	9				7	4	

Puzzle 339

				9	6	1		
	3		5				4	6
						2	3	
		8	4					
	4	9			1			
	6			1				
7	2							5
		4	8	3				2

Puzzle 340

	3		2					
			5				2	
8							7	
	2	9	6	4		5		
					9	6		8
	7		1			2		9
9			4					
	8		3					6

Puzzle 341

			7					5
8					5			
			4			8	1	
		9						6
3		5				9		
6		8	3			1		7
	3		8	7		5		
							2	4
2					9	3		

Puzzle 342

8				6		5		
	1		2					
		5	8				1	
3					4			
	4							
6	7	9		1			2	
					8		9	7
	2	4	1		3			
							3	

Puzzle 343

6					4		5	
	2	8	9	6				
								6
		1		9			7	5
	9					2		
8		7						
		9	4		2	5		
	5						2	
	8					7		1

Puzzle 344

								6
					3	1	2	4
5					6		8	
	7	9		4				
		4						
8					2		9	
		8		7	9	2	3	
			2			8		
2			6	3				7

Puzzle 345

	6		5				1	7
	7			3		4		5
	9		2					
		6	3	5	2			
2					4	5		6
		9	1				8	
					1	8	4	
9			4	2				
					5			

Puzzle 346

9			8		6	7		
8		2			3			5
	4				5		3	6
6		7		1				
1	5						4	
			9					
				6				9
5			3					
		4		2				

182

Puzzle 347

		2	6			7		
			2	1				8
5							3	
								9
	5	7		2			1	6
1	8		3					
	9				3	4		
3		5		9				
		8		7				3

Puzzle 348

							3	2
	7		3	1		6	9	
				2			7	
7			9					
	9	6				2		
		3					8	
	8		6		7	5	2	
6				8	1			9
					2		1	

Puzzle 349

	7			4			3	9
	1	9	5				7	
8			6			5		
		2	8					
		8		1	5			
5					9			
	8					4		
9				2				
	6				3			

Puzzle 350

		4	8	9		2	1	
				1				4
			6		2			3
9		3				5		6
1	5				6			
	2							
			5	3		1		
		9			1		4	
8							9	

Puzzle 351

	4				9			1
	1		2	5				
	8					4	2	
					1			
		4	7	6		8		
6	5							
		2			8	1		4
1							5	8
				3		7		

Puzzle 352

		2	3					
	7	6		1				5
5			7				2	
				3				
		3	6	7	5			
					4	8		
	1	4				6	9	
8		9		2		4		3
	2							

Puzzle 353

7		4						
		6	1		4	9		
			3	8				2
9						3		
8				3		5		
				4	7		1	
			4					9
			6		9	7	5	
2		9						

Puzzle 354

		9						
				9			2	
	2		4		7	5		3
3	1	5				4	7	
2			1				3	
			8	5			6	
	3	6		1			8	
4								

Puzzle 355

4			3	9		8	6	
	7	3						
				1				
	5		8			1		
9	6				2			
	1			4	5			2
2								
						2	8	
		5	6		8			4

Puzzle 356

	1	6		4				
				5	3			2
					1			
	7							
		8				7		3
6	5						4	
8				1	9		3	
	6	3						1
2			7			4		5

Puzzle 357

4			6				1	
		5		9	7		4	
		2	9		5		7	
								9
1						3	2	
		4					3	2
			2		1			6
	6	3				1	5	7

Puzzle 358

			7	9	1			
2							1	
	5				3		7	
			5				2	
7	6						5	
		8	6		7			
				3		8		7
			1					4
					2		9	5

Puzzle 359

		5				9		
				1				2
	6	9					1	
	4			6				1
				3	1	4		
7		6	2	4				
			1		5			7
4					7		3	
							6	

Puzzle 360

		9	4					
			7			1		8
	3			9	2			
8	9			2		7		
	1	3					5	
2			5					1
				4			8	5
	4				8	2		
5			2		9			

Puzzle 361

			7		1		5	
1					9	3		
	8						4	
		6				2		
	9		4				8	3
	3			5			6	
		9			2	4		
	6		5	3		9		

Puzzle 362

			9		6			4
					7	3	1	
		3			1			
7		5	3				8	
	4							9
2			4	9				
		7				9		
			8		9	5	4	
				2			3	

Puzzle 363

8	2						4	
4							5	1
		7	4					3
				1	4		8	
2						1		
	1		2					
	9		3	7	8		2	6
	7				6			
		3					9	

Puzzle 364

6			1	5				2
						9	6	
	2				8			
9		5			7			4
				2		5		3
	8	3			5		9	
						1		
	1	7	2			3		
				3				9

Puzzle 365

1					5		4	
	4	2				7	9	1
		3						
6					9	8		
			2					
			4	3				9
				1			7	5
4						1	6	8
		5	3					

Puzzle 366

				3			8	7
	4					6		
6			2	4				3
2				5			6	
				1	7	9		
8		6		2				
		5	8		1			
		9	5	6				4

Puzzle 367

			9		5		4	2
	8						1	
			1		4			
	7			1				
	5		8		3			9
8		2				5		
	9			5				
		6						
		3		9		1	7	8

Puzzle 368

5				6		8		
		9						5
2	1		7			9	4	
			5			7		
			6		4			
	8							1
			3	1				
		4			7		9	
	3					1	6	7

Puzzle 369

		1					3	8
		5	1					
	2				4			5
1							8	
		9			5	7		
	3		2			9		
	4			8				
7	9			2				4
	1		4			2		

Puzzle 370

		6						5
			1					
			8	6	4		1	
								1
6	7		2				4	
8				7		3	2	9
3		1	4					
4							3	
					5	2	9	

Puzzle 371

9								
	6	2	4	5				8
	4			8	2			
		3						
	2	6	9			1	8	
			3			2	9	
		9			3		1	
6					5			
		1					7	

Puzzle 372

			3		2	1		
			7				8	
5		3		8				
1	3						5	
6		7						9
	8				4			
	7			9				1
			8	4				7
		4	5					

Puzzle 373

							5	8
	2		9	1	8			
3				4			8	
		7			5		1	
9							6	5
		5	7		3			2
					1			
4		9	5	6		1		

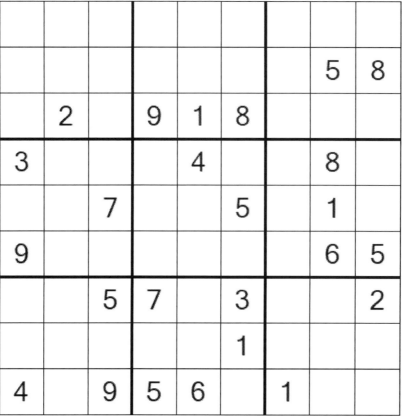

Puzzle 374

9				3				
	7			5				
	5	8	6		9			
			8		7		6	
7	1		3			4	2	
			1			8		7
						6		9
5			7			3	1	

196

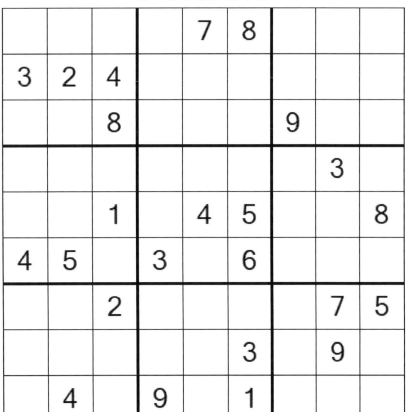

Puzzle 375

				7	8			
3	2	4						
		8				9		
							3	
		1		4	5			8
4	5		3		6			
		2					7	5
					3		9	
	4		9		1			

Puzzle 376

		5				2	9	4
	6	4					3	7
7	8	3		4				
				6				
			7			1		
	5			1		4		
9			6			8	5	
1		8	9					

Puzzle 377

		4	9	3		5		
				2			8	9
			1			3		
	3						5	
			3				6	
4	1	8	6	7	5			
3								
5	7					4	1	
9		1	7	4				

Puzzle 378

		1			5	7		
	4	8	7				6	2
2	6						4	1
7		5	4				2	
			2	9				
	5				8		3	
	7	2			9	4	8	5

Puzzle 379

					6			
	6		4	5				
	8		1		7		2	
	4		5					
		9				1	3	
			3	4	8	7		
	3	4		6				2
7						4	6	
						3		1

Puzzle 380

3		9		5				6
	2	8	6		1			
			2	7			5	
						8		3
8				2			9	
		6			9			
1	8						3	
6		2						1
						6		4

Puzzle 381

						6		
	5				1	2	3	
	9		2	3				
			8		2			
8				9			5	
2				1	5			3
7			4					
				7			9	1
	8					3		

Puzzle 382

	9	1		8				4
	5		9	4			7	
								8
2							5	1
5		8		3		7		
		3		1				
6	8				4			
	7			1	8		4	
		4		5				

Puzzle 383

		7	8		5		1	
					6	5		4
		8						
				6				
					2	6		
6			9		3	1	4	
	5					7		
	8			2				
	7	3	5		1	4		

Puzzle 384

	7	6			5			9
8		9						
		4			8			2
								8
		1	5		7	4		
		8	4					
1							6	
	6			1	2			
	8			4			5	7

Puzzle 385

5			1			7	2	
3		7			6	1		
					9			6
		2		4			9	8
			2					
9							3	
					5			
2	5	6						
	7		8					3

Puzzle 386

1						6	4	
		6	1			8	5	
					9			
	5	7			1	4		3
	9			6	3			
				8		7		
3					5			4
							7	
	8	5					2	

Puzzle 387

	4		5		8	9		
7							4	
						6		
		6						
		1		2			6	4
3								7
6	2				4	3		1
					7		5	2
	9			3				

Puzzle 388

		9		4	6		3	
			7			6		
			8				5	
		6				1		2
	4	2			1			5
5	9		6		7			
	5			1	9			
	1	3					9	8

Puzzle 389

	8							2
			6	4			8	
2			3			9		
								1
			5	7			3	
	7	5				2		
1		6			9	7		
	5	8	4					9
			2					3

Puzzle 390

							9	
7	2							
				9	6			
	3				7			2
		5			3			
	1		8				5	
		7		9	5	1	2	4
					2			
3			4			9		7

Puzzle 391

5	4	2	6				9	
				2			1	
						5		
		5		8	3			
7						9		5
9		4					2	
				4	8			
		6	3	1				
	5				8	6		

Puzzle 392

9	1		7	4				
							2	
			5	1				9
		4	1					2
			4		3	7		6
	8					3		
		9	3					
		6	2			9		
	2			7			8	

205

Puzzle 393

				4				9
9				5	8			
	8	6						
	5					9		
	2	7		1			5	6
		4		2				3
							9	
7							8	2
	4	3	7					

Puzzle 394

			7		8		6	
6		3				2		9
		5	6					
4	6					9	8	5
	9		8					2
	5				2			1
					5	4		6
		7						

Puzzle 395

			4				5	
		9			7		8	
				3				4
2					1			
7			5			6		
9	5			2	4			
								3
		2	3				1	
5		8	2		6	7		

Puzzle 396

			2	1	4			
	4	6						
		8		5	2	4		
						5		
	9		8		6			7
1				6				4
4	7			9		8		2
8							9	

Puzzle 397

			8	6		5		3
2		8					4	
9				3			2	
				7		6		
3	9				5			
				9				
		2		1	6			8
4	6		7					
	8							

Puzzle 398

			2					3
				6		5		8
	3		4		8			2
5						9		6
	2		6				8	5
						1	2	
9						2	7	
2			9	1				
6			5					9

Puzzle 399

	2			4	5	7		
	1	7						9
			9		4	5		
3							1	8
				6				2
7	9		5					
	3	8		1				
2			4				3	

Puzzle 400

							1	
	2			8				4
	5			3		6		
	3							
	6	8				9	7	
			5	7				8
		7		4	8		5	
		3		5	6	1	8	
		6			2			

SOLUTIONS

PUZZLE 1

4	9	1	6	5	2	7	8	3
2	3	7	1	4	8	5	9	6
6	5	8	7	9	3	4	1	2
7	8	3	5	6	9	2	4	1
1	6	2	4	8	7	9	3	5
9	4	5	2	3	1	8	6	7
3	7	4	9	2	6	1	5	8
5	2	6	8	1	4	3	7	9
8	1	9	3	7	5	6	2	4

PUZZLE 2

3	8	9	1	4	6	2	7	5
7	4	1	9	5	2	8	6	3
5	6	2	3	7	8	9	4	1
8	3	4	7	9	1	6	5	2
1	2	6	5	8	3	4	9	7
9	7	5	2	6	4	3	1	8
6	9	3	8	1	5	7	2	4
2	1	7	4	3	9	5	8	6
4	5	8	6	2	7	1	3	9

PUZZLE 3

6	2	1	7	3	8	9	4	5
8	4	5	1	9	6	2	3	7
7	3	9	5	4	2	1	8	6
1	7	6	4	2	3	8	5	9
5	8	3	9	6	7	4	1	2
4	9	2	8	5	1	7	6	3
2	5	8	3	7	4	6	9	1
9	1	7	6	8	5	3	2	4
3	6	4	2	1	9	5	7	8

PUZZLE 4

1	7	6	2	3	4	5	8	9
9	4	2	5	7	8	6	1	3
5	3	8	9	6	1	7	2	4
2	6	9	3	5	7	8	4	1
7	1	3	8	4	6	9	5	2
8	5	4	1	9	2	3	7	6
4	8	7	6	2	3	1	9	5
6	2	5	7	1	9	4	3	8
3	9	1	4	8	5	2	6	7

PUZZLE 5

4	2	6	8	9	3	5	1	7
1	3	8	7	5	6	9	4	2
9	7	5	2	1	4	6	8	3
3	6	7	4	8	9	2	5	1
5	8	4	6	2	1	3	7	9
2	9	1	3	7	5	8	6	4
7	1	9	5	6	2	4	3	8
8	5	3	9	4	7	1	2	6
6	4	2	1	3	8	7	9	5

PUZZLE 6

4	2	5	9	8	7	6	3	1
1	8	7	3	6	2	5	9	4
3	9	6	5	1	4	7	8	2
6	3	2	4	7	5	8	1	9
8	4	9	6	3	1	2	7	5
5	7	1	8	2	9	3	4	6
9	6	4	7	5	3	1	2	8
7	1	8	2	9	6	4	5	3
2	5	3	1	4	8	9	6	7

PUZZLE 7

7	5	1	2	3	9	8	6	4
9	2	6	4	8	5	1	3	7
4	8	3	1	7	6	2	5	9
6	9	8	5	4	1	7	2	3
5	7	4	9	2	3	6	8	1
3	1	2	7	6	8	4	9	5
8	3	9	6	1	7	5	4	2
1	4	5	8	9	2	3	7	6
2	6	7	3	5	4	9	1	8

PUZZLE 8

8	2	9	5	3	7	4	1	6
3	4	1	8	9	6	5	7	2
5	7	6	4	2	1	9	8	3
7	6	3	2	4	5	8	9	1
4	1	8	3	6	9	7	2	5
2	9	5	1	7	8	3	6	4
1	3	4	7	8	2	6	5	9
9	8	2	6	5	4	1	3	7
6	5	7	9	1	3	2	4	8

PUZZLE 9

6	7	5	8	9	3	2	4	1
1	4	8	6	2	5	3	9	7
9	2	3	7	4	1	8	6	5
2	8	4	9	3	7	5	1	6
5	3	1	4	6	8	7	2	9
7	6	9	5	1	2	4	3	8
8	1	6	2	7	4	9	5	3
3	5	2	1	8	9	6	7	4
4	9	7	3	5	6	1	8	2

PUZZLE 10

7	8	2	3	5	6	4	9	1
6	4	3	7	9	1	8	5	2
1	9	5	2	4	8	3	7	6
2	3	8	9	1	5	6	4	7
9	6	1	4	8	7	2	3	5
5	7	4	6	2	3	9	1	8
3	2	7	1	6	4	5	8	9
8	1	9	5	3	2	7	6	4
4	5	6	8	7	9	1	2	3

PUZZLE 11

4	6	1	8	9	5	2	3	7
2	5	9	4	7	3	8	6	1
8	3	7	6	1	2	9	4	5
7	1	2	3	6	9	4	5	8
5	4	3	7	8	1	6	2	9
6	9	8	2	5	4	1	7	3
1	7	5	9	2	6	3	8	4
9	2	4	5	3	8	7	1	6
3	8	6	1	4	7	5	9	2

PUZZLE 12

3	2	5	8	7	1	9	6	4
9	1	6	4	3	5	8	7	2
8	4	7	2	9	6	5	3	1
7	3	9	5	1	4	6	2	8
5	8	1	9	6	2	7	4	3
2	6	4	3	8	7	1	9	5
1	9	8	6	2	3	4	5	7
4	7	2	1	5	9	3	8	6
6	5	3	7	4	8	2	1	9

PUZZLE 13

4	5	8	1	6	3	7	9	2
1	6	7	9	8	2	5	4	3
2	9	3	7	5	4	8	1	6
6	8	9	4	3	5	1	2	7
5	1	4	2	9	7	6	3	8
7	3	2	8	1	6	4	5	9
9	7	1	3	4	8	2	6	5
8	4	5	6	2	9	3	7	1
3	2	6	5	7	1	9	8	4

PUZZLE 14

1	3	9	6	4	5	7	2	8
8	4	5	7	2	3	1	6	9
2	6	7	9	8	1	5	4	3
5	8	4	1	7	6	9	3	2
9	7	6	5	3	2	4	8	1
3	1	2	8	9	4	6	5	7
6	2	8	4	1	7	3	9	5
7	5	3	2	6	9	8	1	4
4	9	1	3	5	8	2	7	6

PUZZLE 15

3	6	2	8	5	9	1	4	7
1	8	9	7	4	2	5	6	3
5	7	4	3	1	6	8	9	2
9	5	3	4	2	1	7	8	6
7	1	8	9	6	3	2	5	4
2	4	6	5	7	8	3	1	9
6	3	7	1	8	4	9	2	5
4	9	1	2	3	5	6	7	8
8	2	5	6	9	7	4	3	1

PUZZLE 16

7	9	4	3	8	1	6	2	5
3	5	6	4	9	2	8	1	7
1	2	8	7	5	6	4	3	9
2	1	7	5	6	4	3	9	8
9	6	3	1	7	8	5	4	2
4	8	5	9	2	3	1	7	6
8	4	2	6	3	9	7	5	1
6	7	1	2	4	5	9	8	3
5	3	9	8	1	7	2	6	4

PUZZLE 17

7	3	4	1	5	6	8	2	9
9	6	5	2	8	4	1	7	3
1	2	8	3	7	9	5	6	4
3	1	7	6	2	5	9	4	8
5	9	2	7	4	8	3	1	6
8	4	6	9	3	1	2	5	7
6	5	9	8	1	7	4	3	2
4	7	3	5	9	2	6	8	1
2	8	1	4	6	3	7	9	5

PUZZLE 18

8	4	5	1	3	6	9	7	2
6	3	7	4	2	9	1	8	5
1	2	9	8	7	5	3	4	6
5	8	1	3	6	7	4	2	9
4	9	3	2	1	8	5	6	7
2	7	6	5	9	4	8	3	1
3	5	2	7	4	1	6	9	8
9	1	4	6	8	2	7	5	3
7	6	8	9	5	3	2	1	4

PUZZLE 19

4	7	3	5	6	8	9	2	1
1	5	2	7	3	9	4	6	8
9	6	8	4	2	1	3	5	7
3	4	5	6	8	7	1	9	2
8	2	9	3	1	4	6	7	5
7	1	6	2	9	5	8	3	4
6	3	1	8	7	2	5	4	9
5	9	7	1	4	6	2	8	3
2	8	4	9	5	3	7	1	6

PUZZLE 20

5	4	3	2	8	1	7	9	6
2	1	6	9	5	7	8	4	3
8	7	9	4	3	6	1	5	2
4	5	1	3	6	2	9	8	7
7	3	8	1	9	4	2	6	5
6	9	2	8	7	5	3	1	4
3	6	5	7	1	9	4	2	8
9	2	7	5	4	8	6	3	1
1	8	4	6	2	3	5	7	9

PUZZLE 21

9	7	8	3	1	6	4	2	5
6	4	2	9	5	8	3	1	7
3	1	5	2	4	7	6	9	8
7	8	6	4	9	3	2	5	1
1	5	9	8	6	2	7	3	4
4	2	3	1	7	5	9	8	6
2	6	1	7	8	9	5	4	3
5	9	4	6	3	1	8	7	2
8	3	7	5	2	4	1	6	9

PUZZLE 22

4	8	2	6	7	3	1	5	9
6	3	5	1	2	9	7	4	8
1	9	7	5	8	4	3	2	6
8	7	9	2	3	6	4	1	5
2	6	1	4	5	8	9	3	7
5	4	3	9	1	7	8	6	2
9	5	8	3	6	1	2	7	4
7	1	6	8	4	2	5	9	3
3	2	4	7	9	5	6	8	1

PUZZLE 23

1	5	4	7	8	6	9	2	3
2	3	8	9	4	1	5	6	7
6	7	9	5	3	2	8	1	4
8	2	1	4	5	7	6	3	9
3	9	6	2	1	8	4	7	5
7	4	5	6	9	3	1	8	2
5	6	7	1	2	4	3	9	8
9	1	3	8	7	5	2	4	6
4	8	2	3	6	9	7	5	1

PUZZLE 24

9	5	6	4	3	7	8	1	2
4	1	3	2	5	8	6	9	7
2	7	8	6	1	9	3	5	4
8	4	7	3	9	2	1	6	5
6	3	5	1	7	4	2	8	9
1	9	2	8	6	5	7	4	3
5	8	4	7	2	1	9	3	6
3	2	9	5	8	6	4	7	1
7	6	1	9	4	3	5	2	8

PUZZLE 25

1	2	6	4	3	5	9	8	7
9	3	5	7	1	8	2	4	6
8	4	7	9	6	2	3	5	1
6	5	4	1	2	9	8	7	3
7	9	1	8	4	3	6	2	5
2	8	3	5	7	6	1	9	4
3	7	8	2	5	1	4	6	9
4	6	2	3	9	7	5	1	8
5	1	9	6	8	4	7	3	2

PUZZLE 26

7	4	8	9	2	1	6	5	3
2	3	6	7	5	4	1	9	8
9	5	1	8	3	6	7	4	2
8	9	4	1	7	5	3	2	6
1	6	3	4	8	2	9	7	5
5	2	7	3	6	9	8	1	4
4	8	9	2	1	3	5	6	7
6	7	2	5	9	8	4	3	1
3	1	5	6	4	7	2	8	9

PUZZLE 27

5	1	3	2	7	8	4	6	9
8	4	7	1	9	6	5	3	2
6	2	9	4	5	3	8	7	1
1	3	4	8	6	5	9	2	7
2	6	8	7	1	9	3	5	4
7	9	5	3	2	4	1	8	6
9	5	2	6	8	1	7	4	3
3	8	6	9	4	7	2	1	5
4	7	1	5	3	2	6	9	8

PUZZLE 28

9	3	4	5	1	8	2	7	6
8	7	2	6	3	9	4	5	1
1	6	5	4	7	2	3	9	8
3	9	6	2	8	7	1	4	5
5	4	7	3	6	1	9	8	2
2	1	8	9	5	4	6	3	7
6	2	3	8	9	5	7	1	4
7	5	9	1	4	6	8	2	3
4	8	1	7	2	3	5	6	9

PUZZLE 29

2	8	1	6	7	5	3	4	9
5	9	4	1	3	2	8	6	7
7	3	6	8	4	9	2	1	5
3	7	8	9	1	6	4	5	2
6	4	9	2	5	7	1	3	8
1	5	2	4	8	3	7	9	6
8	1	5	7	9	4	6	2	3
4	2	3	5	6	8	9	7	1
9	6	7	3	2	1	5	8	4

PUZZLE 30

9	2	5	6	7	8	4	1	3
8	4	3	5	9	1	6	7	2
7	1	6	2	4	3	8	5	9
5	7	4	9	1	6	2	3	8
6	9	2	8	3	5	7	4	1
3	8	1	4	2	7	9	6	5
1	6	7	3	8	9	5	2	4
4	3	8	7	5	2	1	9	6
2	5	9	1	6	4	3	8	7

PUZZLE 31

2	7	1	4	8	6	3	5	9
3	4	5	9	1	2	6	7	8
9	8	6	5	7	3	4	1	2
7	5	4	3	6	8	9	2	1
8	1	9	2	5	4	7	3	6
6	2	3	1	9	7	5	8	4
1	3	7	8	4	9	2	6	5
5	9	2	6	3	1	8	4	7
4	6	8	7	2	5	1	9	3

PUZZLE 32

2	3	1	6	5	9	8	7	4
9	5	7	1	4	8	3	2	6
4	6	8	2	7	3	5	9	1
5	8	6	9	1	4	7	3	2
3	4	9	8	2	7	1	6	5
7	1	2	5	3	6	4	8	9
6	7	5	3	9	1	2	4	8
1	9	3	4	8	2	6	5	7
8	2	4	7	6	5	9	1	3

PUZZLE 33

4	5	9	1	3	7	2	8	6
3	7	2	8	4	6	1	9	5
1	6	8	5	2	9	7	3	4
9	4	6	3	7	5	8	1	2
5	1	7	4	8	2	9	6	3
8	2	3	9	6	1	4	5	7
2	9	4	6	5	8	3	7	1
7	8	5	2	1	3	6	4	9
6	3	1	7	9	4	5	2	8

PUZZLE 34

3	4	2	1	6	8	5	7	9
1	8	6	9	7	5	4	3	2
5	9	7	3	4	2	6	1	8
7	6	9	8	3	4	2	5	1
2	1	3	5	9	6	7	8	4
4	5	8	2	1	7	9	6	3
9	2	5	6	8	1	3	4	7
8	3	4	7	5	9	1	2	6
6	7	1	4	2	3	8	9	5

PUZZLE 35

1	5	8	3	4	9	7	6	2
9	3	6	7	1	2	5	4	8
2	4	7	6	5	8	3	9	1
7	8	5	9	6	4	2	1	3
3	1	4	8	2	7	9	5	6
6	9	2	1	3	5	4	8	7
4	7	3	5	8	1	6	2	9
8	2	9	4	7	6	1	3	5
5	6	1	2	9	3	8	7	4

PUZZLE 36

5	2	8	4	6	1	7	3	9
4	1	9	2	7	3	5	8	6
7	3	6	5	8	9	4	1	2
3	9	7	8	2	4	6	5	1
1	8	5	6	3	7	2	9	4
2	6	4	1	9	5	8	7	3
8	4	3	7	1	6	9	2	5
6	7	1	9	5	2	3	4	8
9	5	2	3	4	8	1	6	7

PUZZLE 37

8	3	4	6	7	1	2	5	9
1	6	2	5	9	3	7	8	4
5	9	7	2	4	8	1	6	3
2	4	8	3	1	6	5	9	7
3	7	5	9	2	4	8	1	6
6	1	9	7	8	5	3	4	2
9	8	1	4	3	2	6	7	5
7	5	3	1	6	9	4	2	8
4	2	6	8	5	7	9	3	1

PUZZLE 38

7	6	2	3	1	8	9	5	4
9	3	5	7	2	4	8	1	6
4	1	8	5	6	9	2	3	7
1	9	6	2	8	7	3	4	5
8	5	3	1	4	6	7	9	2
2	4	7	9	3	5	1	6	8
6	2	9	4	7	3	5	8	1
5	7	4	8	9	1	6	2	3
3	8	1	6	5	2	4	7	9

PUZZLE 39

5	3	2	6	1	9	8	4	7
4	6	9	5	8	7	2	1	3
7	8	1	2	3	4	6	5	9
2	1	5	3	4	8	9	7	6
9	7	8	1	6	5	4	3	2
3	4	6	9	7	2	5	8	1
1	5	7	8	2	6	3	9	4
8	2	3	4	9	1	7	6	5
6	9	4	7	5	3	1	2	8

PUZZLE 40

9	7	6	2	4	3	5	1	8
5	2	4	8	7	1	6	3	9
1	3	8	6	9	5	7	2	4
2	5	1	9	3	6	4	8	7
4	9	7	5	8	2	3	6	1
8	6	3	4	1	7	2	9	5
6	4	9	3	5	8	1	7	2
3	1	5	7	2	9	8	4	6
7	8	2	1	6	4	9	5	3

PUZZLE 41

9	2	3	5	6	7	8	4	1
5	4	8	3	1	2	6	9	7
7	1	6	8	9	4	2	3	5
2	6	5	7	8	9	3	1	4
3	8	7	1	4	6	9	5	2
4	9	1	2	5	3	7	6	8
6	5	2	4	3	8	1	7	9
1	7	9	6	2	5	4	8	3
8	3	4	9	7	1	5	2	6

PUZZLE 42

8	2	5	7	6	4	9	3	1
1	7	6	9	8	3	4	5	2
3	4	9	2	5	1	7	8	6
2	8	7	6	1	9	5	4	3
9	5	1	3	4	2	6	7	8
6	3	4	5	7	8	1	2	9
5	1	2	8	9	7	3	6	4
7	9	3	4	2	6	8	1	5
4	6	8	1	3	5	2	9	7

PUZZLE 43

3	7	1	9	2	5	6	8	4
9	4	6	3	7	8	2	5	1
8	2	5	1	6	4	3	7	9
1	6	7	2	8	3	9	4	5
4	9	3	6	5	1	8	2	7
2	5	8	4	9	7	1	3	6
6	3	9	5	4	2	7	1	8
5	8	2	7	1	6	4	9	3
7	1	4	8	3	9	5	6	2

PUZZLE 44

7	9	8	4	5	6	2	1	3
5	4	2	1	8	3	9	6	7
3	1	6	7	9	2	5	4	8
9	5	3	6	7	1	4	8	2
2	6	1	9	4	8	7	3	5
8	7	4	2	3	5	1	9	6
1	2	9	3	6	7	8	5	4
6	8	7	5	1	4	3	2	9
4	3	5	8	2	9	6	7	1

PUZZLE 45

3	8	2	6	5	1	7	9	4
4	1	6	2	9	7	3	5	8
7	5	9	3	8	4	6	2	1
5	3	7	1	2	6	4	8	9
6	2	1	8	4	9	5	7	3
9	4	8	5	7	3	2	1	6
1	7	4	9	6	2	8	3	5
2	9	5	4	3	8	1	6	7
8	6	3	7	1	5	9	4	2

PUZZLE 46

8	2	3	6	5	9	1	4	7
4	9	1	2	7	3	6	8	5
5	7	6	8	4	1	9	2	3
9	8	4	1	2	5	7	3	6
1	3	7	9	6	8	4	5	2
6	5	2	7	3	4	8	9	1
2	1	9	3	8	6	5	7	4
3	6	5	4	9	7	2	1	8
7	4	8	5	1	2	3	6	9

PUZZLE 47

6	3	1	4	2	8	9	5	7
9	4	5	1	6	7	8	2	3
2	8	7	9	5	3	1	6	4
7	6	9	8	3	2	5	4	1
4	5	2	6	7	1	3	8	9
3	1	8	5	9	4	6	7	2
5	7	6	2	1	9	4	3	8
1	2	4	3	8	5	7	9	6
8	9	3	7	4	6	2	1	5

PUZZLE 48

9	2	4	1	3	5	7	6	8
1	7	3	8	9	6	5	2	4
5	8	6	2	4	7	1	9	3
8	6	7	4	5	2	9	3	1
3	1	2	9	7	8	6	4	5
4	9	5	3	6	1	8	7	2
2	4	8	6	1	9	3	5	7
7	3	9	5	8	4	2	1	6
6	5	1	7	2	3	4	8	9

PUZZLE 49

1	3	2	9	7	6	4	8	5
9	4	5	3	2	8	1	7	6
6	8	7	4	1	5	2	9	3
4	1	6	2	8	7	5	3	9
8	2	9	5	4	3	7	6	1
7	5	3	1	6	9	8	4	2
2	7	8	6	9	1	3	5	4
3	9	1	7	5	4	6	2	8
5	6	4	8	3	2	9	1	7

PUZZLE 50

7	1	3	9	8	4	5	2	6
8	4	2	5	1	6	9	3	7
6	9	5	2	7	3	1	8	4
3	5	9	7	4	2	6	1	8
2	7	8	6	5	1	4	9	3
4	6	1	3	9	8	7	5	2
1	8	7	4	2	5	3	6	9
9	2	6	1	3	7	8	4	5
5	3	4	8	6	9	2	7	1

PUZZLE 51

3	2	4	5	8	7	1	9	6
1	5	8	4	9	6	7	3	2
7	6	9	3	2	1	5	8	4
5	7	6	1	4	9	3	2	8
9	8	3	7	6	2	4	1	5
2	4	1	8	3	5	6	7	9
8	1	5	2	7	4	9	6	3
6	3	7	9	5	8	2	4	1
4	9	2	6	1	3	8	5	7

PUZZLE 52

6	2	4	1	3	9	8	5	7
8	1	7	6	4	5	9	3	2
9	5	3	8	7	2	6	4	1
3	8	9	2	1	4	7	6	5
2	6	5	7	8	3	4	1	9
7	4	1	5	9	6	3	2	8
5	7	6	4	2	8	1	9	3
4	3	8	9	5	1	2	7	6
1	9	2	3	6	7	5	8	4

PUZZLE 53

9	7	2	1	8	3	4	5	6
8	4	6	2	5	9	3	1	7
1	5	3	7	4	6	8	2	9
3	2	8	9	1	4	6	7	5
4	1	5	6	7	8	2	9	3
7	6	9	3	2	5	1	4	8
6	9	7	4	3	1	5	8	2
5	3	4	8	9	2	7	6	1
2	8	1	5	6	7	9	3	4

PUZZLE 54

6	2	9	7	5	4	8	3	1
8	5	7	6	3	1	4	9	2
1	4	3	2	9	8	5	6	7
3	7	4	5	6	2	1	8	9
9	1	2	8	7	3	6	5	4
5	8	6	1	4	9	7	2	3
7	9	8	4	2	5	3	1	6
4	3	5	9	1	6	2	7	8
2	6	1	3	8	7	9	4	5

PUZZLE 55

2	8	9	4	5	1	6	7	3
1	3	6	8	7	2	5	4	9
7	5	4	6	3	9	8	2	1
6	1	8	2	9	4	3	5	7
3	4	7	1	8	5	9	6	2
5	9	2	7	6	3	1	8	4
4	6	3	9	2	8	7	1	5
9	7	1	5	4	6	2	3	8
8	2	5	3	1	7	4	9	6

PUZZLE 56

5	9	6	8	3	1	7	2	4
2	3	1	4	5	7	6	8	9
4	8	7	9	2	6	1	3	5
9	5	4	3	7	8	2	6	1
6	7	3	2	1	9	4	5	8
1	2	8	5	6	4	9	7	3
7	1	5	6	4	3	8	9	2
3	4	9	7	8	2	5	1	6
8	6	2	1	9	5	3	4	7

PUZZLE 57

1	8	4	9	5	3	6	7	2
5	7	6	4	2	1	8	3	9
3	9	2	8	7	6	4	5	1
7	2	8	1	4	9	3	6	5
9	6	5	3	8	2	1	4	7
4	3	1	5	6	7	2	9	8
6	1	9	2	3	5	7	8	4
2	4	7	6	9	8	5	1	3
8	5	3	7	1	4	9	2	6

PUZZLE 58

3	5	1	2	6	9	4	8	7
2	8	7	1	5	4	9	6	3
9	6	4	8	3	7	1	5	2
5	4	2	6	7	1	3	9	8
6	9	3	4	2	8	7	1	5
7	1	8	5	9	3	6	2	4
4	2	5	3	1	6	8	7	9
1	3	9	7	8	5	2	4	6
8	7	6	9	4	2	5	3	1

PUZZLE 59

4	3	7	1	2	9	8	6	5
5	1	6	4	8	7	2	3	9
9	8	2	3	5	6	1	7	4
8	2	4	7	9	5	3	1	6
1	7	3	6	4	8	9	5	2
6	9	5	2	3	1	7	4	8
3	6	9	5	7	2	4	8	1
7	5	8	9	1	4	6	2	3
2	4	1	8	6	3	5	9	7

PUZZLE 60

6	1	8	5	2	3	4	9	7
7	2	5	1	9	4	8	6	3
9	3	4	7	8	6	1	5	2
2	4	6	9	3	7	5	8	1
1	8	7	4	6	5	2	3	9
3	5	9	8	1	2	6	7	4
8	6	1	2	7	9	3	4	5
5	9	3	6	4	1	7	2	8
4	7	2	3	5	8	9	1	6

PUZZLE 61

5	2	4	7	1	6	3	8	9
1	7	9	3	8	2	5	6	4
3	6	8	5	4	9	7	2	1
7	1	3	2	6	5	4	9	8
4	5	6	8	9	3	2	1	7
9	8	2	1	7	4	6	3	5
6	4	5	9	2	8	1	7	3
8	3	7	6	5	1	9	4	2
2	9	1	4	3	7	8	5	6

PUZZLE 62

2	3	1	8	7	5	6	4	9
9	5	7	4	6	2	3	1	8
8	6	4	1	9	3	7	2	5
7	1	2	3	4	8	5	9	6
5	8	3	9	1	6	4	7	2
4	9	6	5	2	7	1	8	3
6	2	9	7	3	4	8	5	1
1	7	5	6	8	9	2	3	4
3	4	8	2	5	1	9	6	7

PUZZLE 63

2	4	5	6	9	7	8	3	1
3	1	6	8	5	2	4	9	7
7	8	9	4	3	1	6	5	2
9	2	4	5	6	8	7	1	3
1	6	3	7	2	4	9	8	5
8	5	7	9	1	3	2	4	6
5	9	8	1	7	6	3	2	4
6	3	1	2	4	9	5	7	8
4	7	2	3	8	5	1	6	9

PUZZLE 64

8	3	5	9	4	6	1	2	7
9	2	7	3	8	1	5	6	4
6	4	1	7	2	5	8	3	9
7	1	9	2	5	3	6	4	8
2	5	4	8	6	7	9	1	3
3	6	8	4	1	9	7	5	2
4	8	6	5	9	2	3	7	1
1	9	3	6	7	4	2	8	5
5	7	2	1	3	8	4	9	6

PUZZLE 65

2	3	4	9	8	7	5	1	6
5	1	7	3	2	6	9	4	8
9	6	8	1	4	5	3	2	7
8	7	5	2	6	1	4	3	9
3	2	6	4	5	9	8	7	1
1	4	9	8	7	3	2	6	5
6	5	3	7	9	2	1	8	4
4	9	2	6	1	8	7	5	3
7	8	1	5	3	4	6	9	2

PUZZLE 66

9	5	4	1	2	8	3	7	6
1	6	2	3	4	7	8	5	9
3	7	8	9	6	5	1	4	2
8	4	5	7	1	2	9	6	3
2	9	7	4	3	6	5	8	1
6	3	1	5	8	9	4	2	7
7	2	3	8	5	1	6	9	4
5	1	9	6	7	4	2	3	8
4	8	6	2	9	3	7	1	5

PUZZLE 67

4	1	3	6	8	9	7	2	5
9	5	7	2	4	3	8	6	1
2	8	6	1	7	5	9	3	4
8	3	1	5	9	7	6	4	2
7	9	4	3	2	6	5	1	8
6	2	5	8	1	4	3	7	9
1	7	2	9	3	8	4	5	6
3	6	9	4	5	1	2	8	7
5	4	8	7	6	2	1	9	3

PUZZLE 68

2	6	7	3	8	5	9	4	1
5	1	8	9	2	4	6	7	3
4	3	9	1	7	6	8	2	5
6	9	3	5	1	7	4	8	2
8	4	5	2	9	3	7	1	6
1	7	2	6	4	8	3	5	9
9	8	6	7	5	1	2	3	4
3	5	4	8	6	2	1	9	7
7	2	1	4	3	9	5	6	8

PUZZLE 69

6	1	7	5	2	4	3	8	9
4	3	8	6	7	9	5	1	2
2	9	5	8	1	3	4	7	6
9	6	2	4	3	8	7	5	1
8	5	1	9	6	7	2	3	4
3	7	4	2	5	1	6	9	8
5	2	3	1	8	6	9	4	7
1	4	6	7	9	5	8	2	3
7	8	9	3	4	2	1	6	5

PUZZLE 70

3	6	2	7	9	4	1	8	5
7	8	4	1	5	6	3	2	9
5	9	1	2	3	8	7	6	4
2	3	5	8	7	9	6	4	1
1	7	8	6	4	5	2	9	3
9	4	6	3	2	1	8	5	7
8	2	9	4	1	3	5	7	6
6	5	3	9	8	7	4	1	2
4	1	7	5	6	2	9	3	8

PUZZLE 71

3	2	5	6	8	7	4	9	1
4	7	1	5	9	2	3	8	6
6	9	8	4	1	3	2	7	5
7	8	2	9	5	1	6	4	3
9	4	3	2	6	8	1	5	7
5	1	6	7	3	4	8	2	9
1	3	4	8	7	9	5	6	2
8	5	7	1	2	6	9	3	4
2	6	9	3	4	5	7	1	8

PUZZLE 72

5	9	3	2	4	7	8	1	6
4	2	8	1	3	6	7	9	5
6	7	1	5	8	9	4	2	3
1	3	9	7	2	4	5	6	8
8	4	7	6	1	5	2	3	9
2	5	6	8	9	3	1	4	7
7	8	4	9	6	1	3	5	2
9	1	2	3	5	8	6	7	4
3	6	5	4	7	2	9	8	1

PUZZLE 73

5	1	8	2	7	4	6	9	3
7	2	9	6	3	5	8	4	1
3	4	6	9	8	1	5	7	2
2	3	4	1	6	7	9	8	5
9	5	1	8	4	3	2	6	7
6	8	7	5	2	9	1	3	4
1	9	3	4	5	6	7	2	8
8	7	5	3	9	2	4	1	6
4	6	2	7	1	8	3	5	9

PUZZLE 74

2	6	4	9	5	1	7	8	3
7	1	8	3	4	6	5	2	9
3	9	5	2	8	7	6	1	4
1	2	9	4	7	5	8	3	6
5	3	7	6	2	8	4	9	1
8	4	6	1	9	3	2	7	5
9	7	3	8	6	4	1	5	2
4	5	2	7	1	9	3	6	8
6	8	1	5	3	2	9	4	7

PUZZLE 75

5	1	9	7	4	6	2	3	8
3	4	6	8	2	5	7	1	9
2	7	8	3	1	9	4	5	6
1	2	3	9	5	4	6	8	7
9	5	7	6	8	1	3	4	2
6	8	4	2	3	7	5	9	1
7	3	1	5	9	2	8	6	4
8	9	2	4	6	3	1	7	5
4	6	5	1	7	8	9	2	3

PUZZLE 76

5	9	7	4	6	2	8	3	1
4	1	2	8	5	3	7	9	6
6	3	8	7	1	9	4	2	5
8	2	1	6	4	5	9	7	3
9	7	4	3	2	1	6	5	8
3	5	6	9	7	8	2	1	4
1	4	5	2	9	6	3	8	7
2	6	3	1	8	7	5	4	9
7	8	9	5	3	4	1	6	2

PUZZLE 77

6	1	3	9	4	8	7	5	2
4	8	5	2	6	7	9	1	3
7	2	9	3	5	1	4	6	8
1	6	4	8	2	9	5	3	7
9	7	8	6	3	5	2	4	1
5	3	2	7	1	4	8	9	6
2	4	7	1	9	6	3	8	5
8	9	6	5	7	3	1	2	4
3	5	1	4	8	2	6	7	9

PUZZLE 78

6	9	5	1	7	4	2	8	3
2	7	4	3	8	6	5	1	9
1	8	3	2	5	9	7	6	4
3	2	8	5	4	7	1	9	6
7	4	9	6	1	8	3	5	2
5	1	6	9	3	2	4	7	8
8	5	7	4	6	3	9	2	1
4	6	2	7	9	1	8	3	5
9	3	1	8	2	5	6	4	7

PUZZLE 79

4	5	2	9	6	3	8	7	1
7	9	8	4	1	5	2	6	3
3	6	1	8	7	2	4	5	9
1	3	7	6	5	4	9	2	8
6	4	9	2	8	7	1	3	5
8	2	5	3	9	1	7	4	6
2	8	6	5	4	9	3	1	7
5	1	4	7	3	8	6	9	2
9	7	3	1	2	6	5	8	4

PUZZLE 80

5	9	7	3	2	1	6	8	4
6	4	8	9	7	5	3	1	2
3	2	1	4	8	6	7	5	9
8	1	3	6	5	4	2	9	7
7	5	4	2	3	9	1	6	8
9	6	2	7	1	8	4	3	5
4	7	6	5	9	3	8	2	1
2	8	5	1	6	7	9	4	3
1	3	9	8	4	2	5	7	6

PUZZLE 81

5	4	3	8	1	7	6	9	2
9	1	7	6	2	3	8	4	5
6	8	2	9	5	4	3	1	7
1	5	4	2	3	8	9	7	6
7	2	8	1	9	6	4	5	3
3	9	6	4	7	5	2	8	1
8	6	1	5	4	2	7	3	9
2	3	5	7	8	9	1	6	4
4	7	9	3	6	1	5	2	8

PUZZLE 82

8	1	4	6	2	3	5	7	9
2	5	6	9	8	7	1	4	3
3	7	9	4	5	1	6	8	2
1	6	7	2	9	5	4	3	8
9	3	8	1	7	4	2	6	5
4	2	5	3	6	8	9	1	7
7	4	3	5	1	9	8	2	6
5	8	2	7	4	6	3	9	1
6	9	1	8	3	2	7	5	4

PUZZLE 83

7	9	6	2	3	4	5	1	8
3	2	5	1	8	9	4	7	6
1	4	8	7	5	6	2	9	3
4	8	1	9	6	7	3	5	2
9	5	2	3	4	8	1	6	7
6	3	7	5	1	2	9	8	4
5	7	9	6	2	3	8	4	1
2	6	4	8	9	1	7	3	5
8	1	3	4	7	5	6	2	9

PUZZLE 84

1	2	6	8	4	3	9	7	5
5	8	9	2	1	7	6	4	3
3	4	7	9	5	6	1	2	8
7	6	5	1	3	2	4	8	9
2	9	1	4	8	5	3	6	7
8	3	4	7	6	9	5	1	2
6	7	3	5	2	1	8	9	4
4	1	2	3	9	8	7	5	6
9	5	8	6	7	4	2	3	1

PUZZLE 85

5	1	7	2	8	9	3	4	6
9	3	6	4	5	1	7	8	2
4	8	2	7	6	3	5	1	9
6	4	1	9	2	7	8	3	5
7	5	8	1	3	6	2	9	4
2	9	3	5	4	8	6	7	1
8	6	4	3	9	2	1	5	7
3	7	9	6	1	5	4	2	8
1	2	5	8	7	4	9	6	3

PUZZLE 86

1	8	2	7	4	6	9	5	3
9	7	6	8	3	5	1	2	4
5	4	3	1	9	2	8	6	7
6	1	5	4	7	9	2	3	8
4	3	9	2	5	8	6	7	1
7	2	8	6	1	3	5	4	9
2	5	4	9	8	7	3	1	6
8	6	7	3	2	1	4	9	5
3	9	1	5	6	4	7	8	2

PUZZLE 87

2	6	3	9	8	4	1	5	7
9	1	8	2	7	5	6	4	3
4	7	5	6	3	1	9	2	8
8	3	6	4	5	9	7	1	2
1	5	4	7	2	8	3	6	9
7	2	9	3	1	6	5	8	4
5	9	7	1	4	2	8	3	6
3	4	1	8	6	7	2	9	5
6	8	2	5	9	3	4	7	1

PUZZLE 88

7	9	6	4	5	1	2	8	3
4	1	2	8	7	3	5	6	9
8	5	3	9	2	6	4	1	7
6	8	1	2	4	7	3	9	5
3	4	5	1	6	9	7	2	8
2	7	9	5	3	8	1	4	6
5	3	4	6	8	2	9	7	1
1	2	8	7	9	5	6	3	4
9	6	7	3	1	4	8	5	2

PUZZLE 89

9	2	4	5	6	8	7	3	1
1	5	3	7	4	2	9	6	8
7	6	8	1	3	9	4	5	2
8	3	5	6	2	7	1	4	9
2	9	7	4	1	5	3	8	6
6	4	1	8	9	3	2	7	5
4	8	2	9	7	6	5	1	3
3	7	6	2	5	1	8	9	4
5	1	9	3	8	4	6	2	7

PUZZLE 90

5	9	3	6	8	2	4	1	7
7	8	2	1	3	4	6	9	5
6	4	1	7	9	5	8	2	3
2	7	4	5	6	9	1	3	8
3	5	9	2	1	8	7	6	4
1	6	8	3	4	7	9	5	2
8	3	6	4	2	1	5	7	9
4	1	7	9	5	3	2	8	6
9	2	5	8	7	6	3	4	1

PUZZLE 91

6	5	4	2	8	1	9	7	3
9	8	2	7	3	5	6	1	4
3	1	7	4	6	9	5	8	2
2	3	5	1	7	4	8	6	9
7	6	1	8	9	2	4	3	5
4	9	8	6	5	3	1	2	7
1	2	6	5	4	7	3	9	8
5	7	3	9	1	8	2	4	6
8	4	9	3	2	6	7	5	1

PUZZLE 92

3	1	4	6	2	9	5	7	8
6	9	2	8	5	7	3	4	1
7	8	5	3	4	1	6	9	2
8	5	6	9	3	2	7	1	4
1	3	9	7	8	4	2	6	5
2	4	7	5	1	6	9	8	3
9	2	1	4	7	5	8	3	6
4	6	3	2	9	8	1	5	7
5	7	8	1	6	3	4	2	9

PUZZLE 93

7	5	1	8	2	6	9	3	4
4	9	3	1	7	5	2	8	6
6	2	8	3	9	4	5	1	7
2	7	9	6	8	3	1	4	5
8	6	4	5	1	9	3	7	2
1	3	5	2	4	7	6	9	8
9	1	6	4	5	8	7	2	3
5	8	2	7	3	1	4	6	9
3	4	7	9	6	2	8	5	1

PUZZLE 94

2	3	5	7	1	4	6	8	9
8	6	1	3	5	9	7	4	2
7	9	4	8	6	2	1	3	5
4	8	2	1	9	7	3	5	6
9	1	6	5	4	3	8	2	7
3	5	7	6	2	8	4	9	1
5	7	9	4	8	6	2	1	3
1	4	3	2	7	5	9	6	8
6	2	8	9	3	1	5	7	4

PUZZLE 95

1	8	4	3	2	9	7	6	5
7	2	9	5	6	4	8	3	1
6	5	3	7	1	8	9	4	2
8	1	7	9	3	6	5	2	4
9	3	6	4	5	2	1	7	8
2	4	5	8	7	1	6	9	3
5	7	1	2	9	3	4	8	6
3	9	8	6	4	5	2	1	7
4	6	2	1	8	7	3	5	9

PUZZLE 96

1	5	4	2	7	8	3	9	6
7	2	9	6	3	4	5	1	8
3	8	6	1	5	9	7	2	4
5	6	3	9	1	7	8	4	2
8	7	1	4	6	2	9	3	5
9	4	2	3	8	5	6	7	1
6	3	5	7	4	1	2	8	9
2	1	7	8	9	6	4	5	3
4	9	8	5	2	3	1	6	7

PUZZLE 97

5	2	8	3	7	9	1	6	4
7	3	4	6	1	8	9	2	5
9	6	1	2	4	5	8	3	7
4	1	7	9	5	3	6	8	2
2	8	3	7	6	4	5	9	1
6	5	9	1	8	2	7	4	3
3	9	6	5	2	1	4	7	8
8	7	5	4	3	6	2	1	9
1	4	2	8	9	7	3	5	6

PUZZLE 98

9	3	1	7	4	5	2	8	6
8	7	6	2	9	3	1	4	5
4	2	5	6	8	1	7	9	3
2	6	9	1	5	8	3	7	4
3	1	8	4	7	6	5	2	9
7	5	4	9	3	2	6	1	8
1	9	3	8	6	7	4	5	2
5	8	7	3	2	4	9	6	1
6	4	2	5	1	9	8	3	7

PUZZLE 99

3	8	9	6	2	5	4	1	7
2	1	7	9	4	3	6	8	5
4	5	6	7	8	1	3	2	9
9	3	8	2	1	6	5	7	4
5	6	4	3	7	8	1	9	2
7	2	1	4	5	9	8	3	6
8	4	3	5	9	7	2	6	1
6	7	5	1	3	2	9	4	8
1	9	2	8	6	4	7	5	3

PUZZLE 100

9	3	8	1	5	6	4	7	2
7	2	5	4	9	3	1	6	8
6	4	1	2	8	7	9	3	5
4	8	9	5	3	1	7	2	6
2	6	7	8	4	9	3	5	1
1	5	3	7	6	2	8	9	4
8	9	4	3	2	5	6	1	7
3	7	2	6	1	4	5	8	9
5	1	6	9	7	8	2	4	3

PUZZLE 101

8	5	7	2	4	9	1	6	3
9	2	6	1	3	5	4	8	7
4	1	3	6	7	8	2	9	5
2	3	8	4	1	7	6	5	9
7	9	1	5	8	6	3	4	2
6	4	5	9	2	3	8	7	1
3	7	9	8	6	1	5	2	4
5	8	2	3	9	4	7	1	6
1	6	4	7	5	2	9	3	8

PUZZLE 102

3	9	5	1	7	8	6	2	4
1	6	7	9	2	4	8	5	3
2	4	8	6	3	5	1	9	7
5	1	6	3	8	9	4	7	2
9	3	2	4	1	7	5	8	6
8	7	4	5	6	2	9	3	1
4	2	3	8	5	6	7	1	9
7	8	9	2	4	1	3	6	5
6	5	1	7	9	3	2	4	8

PUZZLE 103

4	7	5	3	1	2	6	8	9
9	8	3	6	5	7	2	1	4
2	6	1	8	4	9	5	3	7
8	3	2	7	9	4	1	5	6
6	1	9	5	2	8	4	7	3
7	5	4	1	6	3	9	2	8
3	9	6	2	7	1	8	4	5
1	4	8	9	3	5	7	6	2
5	2	7	4	8	6	3	9	1

PUZZLE 104

7	3	2	5	4	8	9	1	6
9	8	5	6	1	3	4	7	2
6	1	4	7	2	9	8	5	3
8	7	6	3	9	4	5	2	1
3	2	1	8	6	5	7	9	4
5	4	9	1	7	2	3	6	8
4	9	3	2	5	6	1	8	7
1	6	8	9	3	7	2	4	5
2	5	7	4	8	1	6	3	9

PUZZLE 105

6	9	7	1	3	8	5	4	2
5	2	1	7	9	4	3	6	8
3	4	8	6	5	2	1	9	7
9	1	3	5	4	7	2	8	6
8	5	6	3	2	9	7	1	4
4	7	2	8	6	1	9	3	5
1	3	5	2	8	6	4	7	9
2	6	9	4	7	3	8	5	1
7	8	4	9	1	5	6	2	3

PUZZLE 106

2	4	5	9	7	3	1	8	6
1	9	3	8	6	5	2	7	4
6	7	8	4	1	2	9	5	3
3	2	7	6	5	9	4	1	8
8	5	9	1	3	4	6	2	7
4	6	1	7	2	8	5	3	9
9	1	6	5	8	7	3	4	2
5	8	2	3	4	6	7	9	1
7	3	4	2	9	1	8	6	5

PUZZLE 107

2	9	7	8	5	1	4	6	3
4	5	1	6	2	3	7	8	9
3	6	8	4	9	7	2	1	5
9	1	5	2	4	8	6	3	7
6	7	4	5	3	9	8	2	1
8	3	2	1	7	6	5	9	4
1	2	3	7	8	5	9	4	6
7	4	6	9	1	2	3	5	8
5	8	9	3	6	4	1	7	2

PUZZLE 108

5	1	4	3	2	6	7	9	8
9	7	6	5	8	1	2	3	4
8	3	2	7	9	4	1	6	5
4	9	1	2	7	5	3	8	6
2	6	8	1	3	9	5	4	7
7	5	3	6	4	8	9	1	2
1	8	9	4	5	2	6	7	3
3	4	5	9	6	7	8	2	1
6	2	7	8	1	3	4	5	9

PUZZLE 109

6	8	2	1	7	9	4	3	5
5	4	7	6	2	3	8	1	9
3	9	1	4	5	8	6	7	2
9	6	3	5	8	2	1	4	7
8	2	4	7	3	1	9	5	6
1	7	5	9	6	4	2	8	3
7	1	8	3	9	6	5	2	4
2	3	6	8	4	5	7	9	1
4	5	9	2	1	7	3	6	8

PUZZLE 110

6	3	8	5	4	1	2	7	9
9	2	1	7	6	3	4	8	5
7	4	5	9	2	8	3	1	6
2	9	6	8	3	7	5	4	1
1	5	7	2	9	4	8	6	3
3	8	4	1	5	6	9	2	7
4	7	9	6	8	5	1	3	2
8	6	2	3	1	9	7	5	4
5	1	3	4	7	2	6	9	8

PUZZLE 111

6	7	3	8	2	9	4	5	1
8	1	2	7	4	5	9	3	6
5	4	9	1	6	3	2	7	8
4	8	6	9	3	1	7	2	5
2	9	7	6	5	4	1	8	3
3	5	1	2	7	8	6	9	4
1	2	8	3	9	6	5	4	7
7	6	5	4	8	2	3	1	9
9	3	4	5	1	7	8	6	2

PUZZLE 112

1	2	3	4	6	9	8	7	5
4	5	8	1	7	2	9	3	6
6	7	9	3	5	8	4	1	2
2	4	7	6	8	3	5	9	1
3	8	1	9	2	5	6	4	7
5	9	6	7	4	1	3	2	8
8	1	5	2	9	4	7	6	3
7	3	4	8	1	6	2	5	9
9	6	2	5	3	7	1	8	4

PUZZLE 113

5	6	2	8	1	4	9	3	7
7	3	4	6	9	2	5	8	1
8	1	9	7	5	3	2	4	6
2	7	3	9	6	1	4	5	8
6	9	5	4	7	8	1	2	3
1	4	8	3	2	5	6	7	9
4	2	7	1	8	9	3	6	5
9	5	6	2	3	7	8	1	4
3	8	1	5	4	6	7	9	2

PUZZLE 114

9	1	7	4	8	2	5	6	3
5	6	3	7	1	9	4	2	8
2	4	8	5	3	6	9	1	7
4	2	5	9	7	8	6	3	1
7	9	1	6	4	3	8	5	2
8	3	6	2	5	1	7	9	4
6	5	4	3	2	7	1	8	9
1	7	2	8	9	5	3	4	6
3	8	9	1	6	4	2	7	5

PUZZLE 115

9	6	1	7	8	3	5	4	2
3	7	2	4	9	5	1	6	8
5	4	8	1	6	2	7	3	9
7	8	6	2	5	1	3	9	4
1	2	5	9	3	4	8	7	6
4	3	9	6	7	8	2	1	5
8	9	3	5	1	6	4	2	7
2	1	7	8	4	9	6	5	3
6	5	4	3	2	7	9	8	1

PUZZLE 116

7	6	4	8	9	1	3	5	2
9	1	8	3	5	2	7	4	6
3	5	2	6	4	7	8	9	1
8	3	9	5	1	4	2	6	7
1	7	6	9	2	3	5	8	4
4	2	5	7	8	6	1	3	9
5	4	7	1	6	8	9	2	3
2	8	1	4	3	9	6	7	5
6	9	3	2	7	5	4	1	8

PUZZLE 117

2	3	1	4	5	6	9	8	7
8	4	6	9	7	1	2	3	5
5	7	9	8	2	3	6	4	1
1	5	2	3	9	4	8	7	6
6	8	3	5	1	7	4	9	2
4	9	7	6	8	2	5	1	3
7	1	8	2	6	9	3	5	4
9	6	4	1	3	5	7	2	8
3	2	5	7	4	8	1	6	9

PUZZLE 118

9	3	8	1	7	6	2	4	5
6	5	7	2	3	4	9	8	1
2	4	1	9	8	5	7	3	6
8	7	9	5	6	3	4	1	2
5	6	4	7	2	1	8	9	3
1	2	3	8	4	9	5	6	7
7	1	5	6	9	8	3	2	4
3	8	2	4	1	7	6	5	9
4	9	6	3	5	2	1	7	8

PUZZLE 119

1	6	4	7	5	2	8	3	9
8	9	7	3	6	4	2	5	1
5	3	2	8	1	9	6	4	7
2	5	9	6	4	3	7	1	8
7	4	8	2	9	1	5	6	3
6	1	3	5	8	7	4	9	2
3	8	1	4	2	6	9	7	5
9	2	6	1	7	5	3	8	4
4	7	5	9	3	8	1	2	6

PUZZLE 120

6	4	5	7	3	9	8	2	1
3	8	2	1	6	5	9	4	7
9	1	7	8	4	2	3	6	5
8	7	4	3	5	6	1	9	2
5	6	1	9	2	8	4	7	3
2	3	9	4	7	1	6	5	8
7	2	8	6	9	3	5	1	4
4	9	3	5	1	7	2	8	6
1	5	6	2	8	4	7	3	9

PUZZLE 121

1	6	2	8	5	3	9	7	4
8	4	9	6	1	7	5	3	2
5	7	3	4	9	2	1	8	6
3	2	7	5	4	6	8	1	9
9	8	6	2	7	1	4	5	3
4	5	1	3	8	9	6	2	7
2	3	4	1	6	5	7	9	8
6	9	5	7	3	8	2	4	1
7	1	8	9	2	4	3	6	5

PUZZLE 122

2	3	8	9	6	7	5	4	1
7	4	9	5	2	1	6	8	3
1	5	6	4	3	8	7	9	2
9	8	5	3	1	4	2	6	7
4	2	1	7	5	6	8	3	9
3	6	7	2	8	9	1	5	4
5	7	2	6	4	3	9	1	8
8	9	3	1	7	5	4	2	6
6	1	4	8	9	2	3	7	5

PUZZLE 123

2	4	3	1	6	9	8	5	7
9	1	6	8	5	7	3	4	2
5	7	8	4	2	3	9	1	6
1	5	9	2	7	6	4	8	3
6	2	4	3	8	1	5	7	9
3	8	7	5	9	4	2	6	1
8	3	5	7	1	2	6	9	4
4	9	1	6	3	8	7	2	5
7	6	2	9	4	5	1	3	8

PUZZLE 124

8	3	5	1	9	4	6	2	7
9	7	4	3	6	2	8	1	5
6	1	2	5	8	7	4	3	9
7	2	9	8	4	3	1	5	6
1	4	6	9	2	5	3	7	8
3	5	8	6	7	1	9	4	2
4	8	1	2	5	6	7	9	3
2	9	7	4	3	8	5	6	1
5	6	3	7	1	9	2	8	4

PUZZLE 125

8	2	1	3	7	6	4	5	9
3	5	4	8	1	9	7	2	6
6	7	9	5	4	2	3	1	8
4	6	2	9	3	7	5	8	1
9	3	8	1	2	5	6	4	7
5	1	7	4	6	8	9	3	2
1	8	5	6	9	4	2	7	3
2	4	6	7	8	3	1	9	5
7	9	3	2	5	1	8	6	4

PUZZLE 126

6	1	7	5	3	2	8	9	4
2	8	4	9	6	1	5	3	7
9	3	5	4	7	8	6	1	2
3	5	2	1	4	6	7	8	9
7	4	6	3	8	9	2	5	1
8	9	1	2	5	7	3	4	6
1	7	3	6	9	5	4	2	8
5	6	9	8	2	4	1	7	3
4	2	8	7	1	3	9	6	5

PUZZLE 127

1	7	4	2	5	3	9	8	6
6	2	5	9	8	1	4	7	3
3	8	9	4	6	7	1	2	5
5	3	2	8	9	6	7	1	4
9	6	7	1	2	4	3	5	8
4	1	8	7	3	5	2	6	9
7	5	6	3	1	9	8	4	2
2	9	1	5	4	8	6	3	7
8	4	3	6	7	2	5	9	1

PUZZLE 128

8	1	7	6	5	4	9	3	2
5	3	2	1	7	9	6	4	8
6	4	9	8	3	2	5	1	7
1	2	6	3	9	7	8	5	4
3	7	8	5	4	1	2	6	9
4	9	5	2	6	8	3	7	1
2	8	3	7	1	6	4	9	5
9	6	1	4	8	5	7	2	3
7	5	4	9	2	3	1	8	6

PUZZLE 129

6	2	9	3	1	7	8	4	5
7	8	4	2	9	5	3	1	6
1	3	5	8	4	6	7	9	2
9	1	2	4	5	8	6	3	7
3	6	7	1	2	9	5	8	4
5	4	8	6	7	3	9	2	1
2	7	3	5	8	4	1	6	9
8	5	1	9	6	2	4	7	3
4	9	6	7	3	1	2	5	8

PUZZLE 130

3	6	2	5	1	8	7	9	4
9	8	7	6	2	4	1	3	5
4	5	1	3	9	7	6	2	8
7	9	6	2	5	1	4	8	3
1	2	8	7	4	3	9	5	6
5	4	3	8	6	9	2	7	1
2	3	5	1	7	6	8	4	9
8	1	9	4	3	2	5	6	7
6	7	4	9	8	5	3	1	2

PUZZLE 131

9	1	4	8	6	5	7	3	2
7	6	5	3	2	9	8	4	1
8	2	3	4	7	1	5	6	9
1	3	8	5	9	2	4	7	6
4	5	7	1	8	6	2	9	3
6	9	2	7	4	3	1	5	8
2	4	1	6	3	7	9	8	5
3	8	9	2	5	4	6	1	7
5	7	6	9	1	8	3	2	4

PUZZLE 132

2	9	6	1	8	3	5	4	7
7	4	1	5	9	2	3	8	6
3	5	8	4	6	7	9	1	2
6	2	7	9	1	4	8	5	3
8	1	9	7	3	5	6	2	4
5	3	4	8	2	6	1	7	9
1	6	3	2	7	8	4	9	5
4	8	2	6	5	9	7	3	1
9	7	5	3	4	1	2	6	8

PUZZLE 133

6	8	5	2	3	7	9	4	1
7	4	3	8	1	9	2	6	5
9	2	1	6	5	4	7	8	3
5	1	8	4	2	3	6	7	9
4	6	2	7	9	1	5	3	8
3	9	7	5	8	6	4	1	2
2	5	4	3	7	8	1	9	6
1	3	6	9	4	5	8	2	7
8	7	9	1	6	2	3	5	4

PUZZLE 134

1	5	8	3	4	2	7	9	6
3	2	6	7	5	9	4	1	8
9	4	7	1	8	6	5	2	3
5	3	2	4	6	7	1	8	9
7	1	9	8	2	5	6	3	4
6	8	4	9	3	1	2	7	5
8	9	5	2	7	4	3	6	1
4	7	3	6	1	8	9	5	2
2	6	1	5	9	3	8	4	7

PUZZLE 135

1	7	8	3	2	4	9	5	6
4	9	3	5	7	6	8	2	1
2	6	5	9	1	8	3	7	4
5	4	2	8	3	9	6	1	7
7	3	6	2	4	1	5	9	8
8	1	9	6	5	7	2	4	3
3	5	1	7	8	2	4	6	9
6	8	4	1	9	5	7	3	2
9	2	7	4	6	3	1	8	5

PUZZLE 136

3	4	7	5	8	1	2	6	9
2	9	5	6	4	7	1	3	8
1	6	8	2	9	3	4	7	5
7	5	6	4	2	8	3	9	1
9	2	1	7	3	5	6	8	4
8	3	4	1	6	9	5	2	7
6	8	9	3	5	4	7	1	2
5	1	2	9	7	6	8	4	3
4	7	3	8	1	2	9	5	6

PUZZLE 137

9	6	7	8	3	5	1	2	4
5	4	8	6	1	2	3	7	9
3	2	1	7	4	9	6	5	8
4	3	5	2	7	8	9	6	1
7	8	2	9	6	1	5	4	3
6	1	9	3	5	4	2	8	7
8	5	3	4	9	6	7	1	2
2	7	6	1	8	3	4	9	5
1	9	4	5	2	7	8	3	6

PUZZLE 138

6	3	7	8	5	4	9	1	2
1	8	5	9	7	2	6	4	3
2	4	9	1	6	3	8	5	7
3	2	6	7	8	1	5	9	4
9	5	8	3	4	6	7	2	1
4	7	1	2	9	5	3	8	6
8	9	4	6	1	7	2	3	5
5	6	3	4	2	9	1	7	8
7	1	2	5	3	8	4	6	9

PUZZLE 139

9	7	8	6	5	3	4	1	2
4	1	3	8	2	9	5	6	7
5	6	2	4	7	1	3	9	8
1	8	4	7	3	6	2	5	9
6	3	5	9	4	2	8	7	1
7	2	9	5	1	8	6	4	3
3	5	6	1	8	7	9	2	4
2	4	1	3	9	5	7	8	6
8	9	7	2	6	4	1	3	5

PUZZLE 140

6	1	4	2	3	8	5	7	9
7	2	3	5	9	6	1	8	4
8	5	9	4	7	1	3	2	6
9	3	7	8	6	4	2	5	1
1	6	2	7	5	9	4	3	8
5	4	8	1	2	3	6	9	7
4	9	1	3	8	2	7	6	5
3	7	6	9	1	5	8	4	2
2	8	5	6	4	7	9	1	3

PUZZLE 141

1	4	2	6	9	7	5	8	3
9	3	6	8	4	5	2	1	7
8	5	7	3	2	1	9	6	4
2	1	5	9	3	6	4	7	8
6	9	3	4	7	8	1	5	2
7	8	4	5	1	2	6	3	9
5	2	8	7	6	9	3	4	1
4	6	1	2	8	3	7	9	5
3	7	9	1	5	4	8	2	6

PUZZLE 142

8	4	2	6	1	5	7	9	3
7	1	3	4	8	9	5	2	6
6	9	5	3	7	2	8	1	4
2	7	4	1	5	6	3	8	9
3	6	9	8	2	4	1	5	7
1	5	8	7	9	3	4	6	2
9	2	1	5	4	7	6	3	8
4	8	6	9	3	1	2	7	5
5	3	7	2	6	8	9	4	1

PUZZLE 143

8	7	4	1	5	6	2	9	3
2	1	5	3	9	8	6	4	7
3	9	6	7	2	4	1	5	8
6	2	3	4	7	5	8	1	9
1	5	8	9	6	2	3	7	4
7	4	9	8	3	1	5	2	6
4	6	7	5	1	3	9	8	2
5	8	2	6	4	9	7	3	1
9	3	1	2	8	7	4	6	5

PUZZLE 144

3	1	2	5	6	7	4	8	9
8	4	5	2	9	3	1	6	7
6	9	7	4	1	8	3	2	5
4	8	6	9	2	1	7	5	3
2	3	1	7	8	5	6	9	4
5	7	9	6	3	4	8	1	2
7	6	4	8	5	2	9	3	1
9	2	3	1	7	6	5	4	8
1	5	8	3	4	9	2	7	6

PUZZLE 145

6	7	8	3	9	1	2	4	5
3	4	2	8	5	7	9	1	6
1	9	5	4	6	2	3	7	8
2	5	1	6	7	8	4	9	3
8	6	7	9	4	3	5	2	1
9	3	4	1	2	5	8	6	7
7	8	3	2	1	4	6	5	9
5	2	6	7	3	9	1	8	4
4	1	9	5	8	6	7	3	2

PUZZLE 146

1	6	5	9	4	7	3	8	2
7	2	4	8	3	5	9	1	6
3	8	9	2	6	1	4	7	5
9	1	6	3	7	8	5	2	4
2	5	7	4	1	9	6	3	8
4	3	8	5	2	6	1	9	7
5	4	2	1	8	3	7	6	9
6	9	1	7	5	2	8	4	3
8	7	3	6	9	4	2	5	1

PUZZLE 147

7	1	2	3	8	5	6	4	9
8	3	4	6	9	7	1	2	5
6	9	5	4	1	2	3	7	8
9	4	8	5	7	3	2	6	1
5	2	3	1	6	9	7	8	4
1	6	7	8	2	4	9	5	3
2	7	1	9	4	8	5	3	6
4	5	9	2	3	6	8	1	7
3	8	6	7	5	1	4	9	2

PUZZLE 148

1	6	8	3	7	2	4	9	5
2	5	4	6	9	1	7	8	3
3	9	7	8	5	4	6	1	2
7	4	6	5	1	9	3	2	8
8	1	3	2	6	7	9	5	4
5	2	9	4	3	8	1	7	6
6	7	2	9	8	3	5	4	1
9	8	5	1	4	6	2	3	7
4	3	1	7	2	5	8	6	9

PUZZLE 149

2	6	4	3	9	5	7	8	1
1	5	9	2	7	8	6	3	4
8	3	7	4	1	6	5	9	2
4	8	3	6	2	9	1	7	5
5	7	2	1	3	4	9	6	8
9	1	6	8	5	7	2	4	3
6	2	1	9	8	3	4	5	7
3	4	5	7	6	2	8	1	9
7	9	8	5	4	1	3	2	6

PUZZLE 150

1	3	5	4	8	6	7	2	9
2	6	8	1	9	7	4	5	3
7	4	9	2	3	5	8	6	1
9	2	4	6	7	3	1	8	5
6	8	7	5	1	4	3	9	2
5	1	3	9	2	8	6	4	7
8	7	6	3	5	9	2	1	4
4	5	1	7	6	2	9	3	8
3	9	2	8	4	1	5	7	6

PUZZLE 151

7	6	9	5	4	1	8	2	3
4	8	5	9	2	3	6	7	1
1	2	3	7	8	6	5	9	4
9	7	2	8	1	5	3	4	6
5	1	6	4	3	2	7	8	9
3	4	8	6	9	7	1	5	2
2	5	7	3	6	4	9	1	8
8	3	1	2	7	9	4	6	5
6	9	4	1	5	8	2	3	7

PUZZLE 152

4	3	1	6	9	8	2	7	5
6	8	7	5	1	2	3	9	4
2	9	5	7	3	4	8	6	1
3	5	4	8	7	9	6	1	2
7	6	8	1	2	3	5	4	9
1	2	9	4	5	6	7	3	8
8	4	3	9	6	5	1	2	7
9	7	6	2	8	1	4	5	3
5	1	2	3	4	7	9	8	6

PUZZLE 153

1	5	3	7	2	6	9	8	4
6	8	2	4	9	3	7	1	5
4	9	7	5	1	8	2	3	6
9	3	1	6	5	4	8	7	2
5	2	6	8	7	9	3	4	1
7	4	8	1	3	2	5	6	9
3	7	5	2	6	1	4	9	8
2	1	4	9	8	7	6	5	3
8	6	9	3	4	5	1	2	7

PUZZLE 154

9	3	2	7	6	8	4	5	1
7	5	8	4	2	1	3	6	9
4	6	1	5	9	3	2	7	8
8	7	6	1	3	5	9	4	2
3	1	9	6	4	2	5	8	7
2	4	5	8	7	9	1	3	6
6	2	7	9	5	4	8	1	3
1	9	4	3	8	7	6	2	5
5	8	3	2	1	6	7	9	4

PUZZLE 155

7	5	3	1	4	6	8	9	2
2	6	9	3	8	5	1	4	7
4	8	1	2	9	7	6	3	5
8	3	2	6	5	1	4	7	9
5	1	6	4	7	9	3	2	8
9	4	7	8	2	3	5	6	1
1	2	5	7	3	4	9	8	6
3	9	8	5	6	2	7	1	4
6	7	4	9	1	8	2	5	3

PUZZLE 156

3	5	4	7	9	8	6	1	2
6	7	9	5	1	2	8	3	4
1	8	2	4	3	6	7	5	9
8	9	3	1	7	4	5	2	6
2	1	5	8	6	3	9	4	7
7	4	6	9	2	5	3	8	1
9	2	1	3	8	7	4	6	5
4	3	7	6	5	1	2	9	8
5	6	8	2	4	9	1	7	3

PUZZLE 157

6	7	1	2	9	4	8	5	3
4	8	9	1	5	3	6	2	7
2	5	3	6	8	7	4	9	1
8	1	4	5	7	2	9	3	6
3	6	2	4	1	9	5	7	8
5	9	7	3	6	8	1	4	2
1	3	6	9	2	5	7	8	4
9	4	8	7	3	6	2	1	5
7	2	5	8	4	1	3	6	9

PUZZLE 158

9	5	7	1	4	3	6	2	8
4	1	2	8	6	7	3	9	5
8	6	3	9	5	2	1	4	7
7	3	8	2	9	4	5	6	1
2	4	5	3	1	6	8	7	9
1	9	6	7	8	5	2	3	4
6	8	1	4	3	9	7	5	2
3	2	9	5	7	8	4	1	6
5	7	4	6	2	1	9	8	3

PUZZLE 159

8	2	5	6	1	7	3	9	4
1	9	4	5	3	8	2	6	7
3	7	6	2	4	9	1	5	8
5	3	2	7	6	4	8	1	9
6	8	1	9	2	3	4	7	5
7	4	9	1	8	5	6	2	3
2	5	3	4	9	1	7	8	6
4	6	7	8	5	2	9	3	1
9	1	8	3	7	6	5	4	2

PUZZLE 160

2	9	3	8	4	7	5	1	6
4	6	7	2	5	1	8	3	9
8	1	5	9	6	3	4	2	7
5	4	6	3	2	9	1	7	8
3	8	1	4	7	5	9	6	2
7	2	9	6	1	8	3	5	4
9	5	8	7	3	2	6	4	1
6	3	2	1	8	4	7	9	5
1	7	4	5	9	6	2	8	3

PUZZLE 161

6	9	3	5	7	8	4	2	1
8	1	4	3	2	6	5	7	9
7	2	5	1	4	9	6	8	3
2	6	1	8	9	4	3	5	7
4	3	8	7	1	5	2	9	6
9	5	7	2	6	3	8	1	4
1	4	2	6	8	7	9	3	5
3	8	9	4	5	1	7	6	2
5	7	6	9	3	2	1	4	8

PUZZLE 162

6	5	2	7	1	9	4	3	8
4	7	9	8	5	3	6	1	2
3	1	8	2	6	4	5	7	9
8	4	7	9	2	5	1	6	3
9	3	5	6	4	1	8	2	7
2	6	1	3	8	7	9	5	4
7	2	6	1	9	8	3	4	5
5	8	3	4	7	6	2	9	1
1	9	4	5	3	2	7	8	6

PUZZLE 163

7	8	3	9	1	4	5	6	2
2	6	5	7	8	3	1	9	4
4	1	9	2	6	5	8	7	3
9	4	7	8	5	6	2	3	1
8	5	2	1	3	9	6	4	7
1	3	6	4	7	2	9	8	5
3	2	1	6	9	7	4	5	8
5	9	8	3	4	1	7	2	6
6	7	4	5	2	8	3	1	9

PUZZLE 164

7	3	5	8	2	6	4	9	1
8	9	2	1	3	4	5	7	6
4	1	6	7	9	5	8	2	3
9	6	3	5	8	7	2	1	4
1	7	8	4	6	2	9	3	5
2	5	4	9	1	3	6	8	7
5	2	1	3	4	8	7	6	9
6	4	9	2	7	1	3	5	8
3	8	7	6	5	9	1	4	2

PUZZLE 165

1	6	9	3	4	5	7	2	8
3	7	4	2	8	1	5	6	9
2	5	8	7	6	9	1	4	3
8	1	6	4	7	2	3	9	5
4	2	7	5	9	3	8	1	6
9	3	5	6	1	8	2	7	4
6	9	3	1	5	7	4	8	2
7	8	2	9	3	4	6	5	1
5	4	1	8	2	6	9	3	7

PUZZLE 166

3	7	1	8	5	9	2	6	4
8	9	2	4	7	6	1	5	3
4	6	5	3	1	2	9	7	8
1	2	8	6	4	5	3	9	7
7	5	3	9	8	1	4	2	6
6	4	9	2	3	7	5	8	1
9	8	7	1	2	4	6	3	5
2	3	4	5	6	8	7	1	9
5	1	6	7	9	3	8	4	2

PUZZLE 167

4	1	8	3	6	5	2	7	9
2	3	6	1	9	7	8	4	5
5	9	7	2	4	8	1	6	3
1	4	2	9	5	3	6	8	7
9	8	3	6	7	4	5	1	2
7	6	5	8	1	2	3	9	4
8	7	4	5	2	6	9	3	1
3	5	1	4	8	9	7	2	6
6	2	9	7	3	1	4	5	8

PUZZLE 168

5	2	6	9	7	8	3	4	1
9	4	8	2	3	1	6	7	5
1	7	3	4	6	5	8	2	9
4	8	7	3	9	2	5	1	6
2	1	5	8	4	6	9	3	7
3	6	9	1	5	7	4	8	2
7	5	2	6	8	3	1	9	4
6	3	4	7	1	9	2	5	8
8	9	1	5	2	4	7	6	3

PUZZLE 169

4	7	2	9	8	1	5	6	3
5	1	3	4	7	6	8	2	9
8	9	6	2	5	3	1	7	4
2	4	1	3	9	8	7	5	6
9	5	7	1	6	4	3	8	2
3	6	8	7	2	5	9	4	1
1	8	5	6	4	9	2	3	7
6	2	9	5	3	7	4	1	8
7	3	4	8	1	2	6	9	5

PUZZLE 170

7	5	8	4	9	1	3	2	6
2	1	6	8	5	3	4	9	7
3	4	9	7	6	2	5	1	8
8	6	4	2	3	7	9	5	1
1	7	3	5	4	9	8	6	2
5	9	2	6	1	8	7	4	3
4	2	7	9	8	6	1	3	5
6	3	5	1	7	4	2	8	9
9	8	1	3	2	5	6	7	4

PUZZLE 171

1	4	2	5	8	6	7	3	9
3	7	8	9	4	2	5	1	6
9	5	6	1	7	3	2	4	8
8	2	7	6	9	1	3	5	4
5	6	9	3	2	4	1	8	7
4	1	3	7	5	8	6	9	2
6	8	1	2	3	9	4	7	5
7	3	4	8	6	5	9	2	1
2	9	5	4	1	7	8	6	3

PUZZLE 172

7	6	5	8	4	3	2	1	9
4	3	2	5	1	9	6	8	7
8	1	9	6	2	7	4	5	3
1	4	7	2	8	5	9	3	6
6	2	3	4	9	1	8	7	5
5	9	8	3	7	6	1	2	4
2	7	1	9	5	4	3	6	8
3	8	4	7	6	2	5	9	1
9	5	6	1	3	8	7	4	2

PUZZLE 173

4	8	9	5	3	7	1	2	6
6	1	3	8	2	4	7	5	9
5	2	7	1	9	6	3	8	4
7	3	6	4	1	2	5	9	8
1	4	5	6	8	9	2	3	7
8	9	2	7	5	3	6	4	1
3	6	1	2	4	8	9	7	5
9	7	8	3	6	5	4	1	2
2	5	4	9	7	1	8	6	3

PUZZLE 174

6	8	7	5	2	9	4	1	3
5	4	1	7	3	6	8	2	9
2	3	9	4	1	8	6	5	7
7	5	6	2	8	1	9	3	4
9	1	3	6	5	4	7	8	2
8	2	4	9	7	3	5	6	1
4	7	8	3	6	2	1	9	5
3	6	5	1	9	7	2	4	8
1	9	2	8	4	5	3	7	6

PUZZLE 175

5	1	2	6	7	3	9	8	4
3	6	4	8	9	5	2	1	7
7	8	9	4	2	1	3	6	5
2	4	8	7	1	9	5	3	6
1	9	3	5	6	8	4	7	2
6	5	7	2	3	4	1	9	8
8	2	1	9	4	6	7	5	3
9	7	5	3	8	2	6	4	1
4	3	6	1	5	7	8	2	9

PUZZLE 176

5	1	6	4	8	2	9	7	3
4	9	8	7	3	1	2	6	5
3	7	2	6	9	5	1	8	4
7	6	3	9	1	8	5	4	2
2	4	9	3	5	6	7	1	8
8	5	1	2	4	7	3	9	6
9	2	5	8	7	4	6	3	1
6	8	7	1	2	3	4	5	9
1	3	4	5	6	9	8	2	7

PUZZLE 177

4	6	7	3	9	5	2	8	1
9	2	8	1	4	7	3	6	5
3	5	1	8	6	2	9	7	4
2	8	4	9	3	1	7	5	6
5	9	6	7	8	4	1	3	2
1	7	3	2	5	6	4	9	8
6	4	9	5	2	3	8	1	7
7	3	5	4	1	8	6	2	9
8	1	2	6	7	9	5	4	3

PUZZLE 178

2	1	4	8	5	3	7	9	6
6	9	3	4	2	7	1	5	8
8	7	5	1	9	6	3	2	4
4	6	1	2	8	5	9	7	3
3	2	9	7	6	4	8	1	5
7	5	8	9	3	1	4	6	2
1	3	7	5	4	2	6	8	9
9	4	2	6	1	8	5	3	7
5	8	6	3	7	9	2	4	1

PUZZLE 179

8	1	3	4	9	6	7	2	5
9	4	7	2	8	5	1	6	3
5	6	2	1	3	7	4	9	8
3	8	4	6	7	9	2	5	1
7	2	5	8	1	4	6	3	9
1	9	6	3	5	2	8	4	7
4	3	8	9	2	1	5	7	6
6	5	1	7	4	3	9	8	2
2	7	9	5	6	8	3	1	4

PUZZLE 180

1	9	8	3	5	6	2	4	7
4	7	2	9	1	8	3	5	6
3	5	6	2	4	7	1	8	9
7	3	5	6	9	2	8	1	4
2	8	1	7	3	4	6	9	5
6	4	9	1	8	5	7	3	2
8	1	7	5	2	9	4	6	3
5	2	3	4	6	1	9	7	8
9	6	4	8	7	3	5	2	1

PUZZLE 181

5	7	2	8	1	3	6	9	4
3	1	8	6	9	4	5	2	7
6	4	9	2	5	7	3	8	1
8	5	4	3	7	2	1	6	9
7	2	1	9	6	8	4	5	3
9	3	6	5	4	1	2	7	8
2	8	5	4	3	9	7	1	6
4	6	7	1	8	5	9	3	2
1	9	3	7	2	6	8	4	5

PUZZLE 182

1	3	7	8	5	9	4	2	6
6	4	5	1	7	2	8	3	9
8	2	9	3	6	4	5	1	7
4	1	2	6	9	7	3	5	8
5	6	3	2	8	1	7	9	4
7	9	8	4	3	5	2	6	1
9	8	6	7	2	3	1	4	5
2	5	1	9	4	8	6	7	3
3	7	4	5	1	6	9	8	2

PUZZLE 183

9	1	4	7	6	5	2	8	3
8	7	3	9	2	4	5	1	6
6	2	5	1	8	3	4	9	7
1	5	8	2	4	6	3	7	9
2	6	9	3	1	7	8	4	5
4	3	7	8	5	9	1	6	2
7	4	2	6	3	1	9	5	8
5	8	6	4	9	2	7	3	1
3	9	1	5	7	8	6	2	4

PUZZLE 184

9	4	5	8	1	3	7	6	2
1	6	7	4	9	2	8	3	5
2	8	3	5	7	6	4	1	9
4	7	6	9	8	5	3	2	1
3	9	8	7	2	1	6	5	4
5	2	1	3	6	4	9	7	8
8	3	4	2	5	7	1	9	6
6	5	9	1	3	8	2	4	7
7	1	2	6	4	9	5	8	3

PUZZLE 185

8	2	9	3	5	1	4	6	7
5	3	6	8	7	4	2	9	1
4	1	7	2	6	9	3	8	5
1	9	4	7	3	2	6	5	8
6	5	2	1	9	8	7	4	3
7	8	3	5	4	6	9	1	2
2	6	1	4	8	7	5	3	9
9	7	5	6	1	3	8	2	4
3	4	8	9	2	5	1	7	6

PUZZLE 186

2	1	3	4	8	5	6	9	7
7	4	5	2	9	6	8	3	1
6	9	8	3	7	1	4	2	5
4	3	7	8	1	2	5	6	9
1	8	9	6	5	7	3	4	2
5	6	2	9	4	3	7	1	8
3	7	1	5	2	4	9	8	6
9	2	4	7	6	8	1	5	3
8	5	6	1	3	9	2	7	4

PUZZLE 187

7	5	4	1	2	6	3	9	8
8	1	3	4	7	9	6	2	5
9	6	2	5	8	3	7	4	1
3	8	6	2	5	4	1	7	9
5	4	1	3	9	7	2	8	6
2	9	7	6	1	8	5	3	4
4	3	8	7	6	5	9	1	2
1	7	5	9	4	2	8	6	3
6	2	9	8	3	1	4	5	7

PUZZLE 188

4	3	8	6	7	5	9	2	1
1	2	6	9	8	3	4	5	7
5	7	9	1	4	2	3	8	6
6	1	5	8	2	9	7	4	3
9	4	2	7	3	1	8	6	5
7	8	3	4	5	6	2	1	9
3	9	1	2	6	4	5	7	8
8	6	4	5	9	7	1	3	2
2	5	7	3	1	8	6	9	4

PUZZLE 189

9	1	6	4	5	8	2	7	3
8	3	4	2	7	6	1	9	5
5	2	7	3	9	1	4	8	6
6	4	5	7	3	2	9	1	8
1	9	8	6	4	5	7	3	2
3	7	2	8	1	9	6	5	4
2	8	9	5	6	7	3	4	1
7	5	3	1	2	4	8	6	9
4	6	1	9	8	3	5	2	7

PUZZLE 190

9	5	6	1	4	2	7	8	3
4	3	8	5	7	6	2	1	9
7	2	1	9	3	8	4	5	6
3	6	2	4	1	9	8	7	5
8	4	9	2	5	7	3	6	1
5	1	7	6	8	3	9	2	4
6	9	3	8	2	1	5	4	7
1	8	5	7	9	4	6	3	2
2	7	4	3	6	5	1	9	8

PUZZLE 191

8	2	1	6	5	9	4	3	7
4	6	7	8	3	1	9	2	5
3	9	5	4	2	7	6	1	8
1	7	8	5	9	2	3	6	4
2	5	3	7	6	4	8	9	1
6	4	9	3	1	8	5	7	2
5	1	2	9	4	3	7	8	6
9	8	6	1	7	5	2	4	3
7	3	4	2	8	6	1	5	9

PUZZLE 192

7	1	9	4	2	8	3	5	6
3	4	8	9	6	5	1	2	7
2	5	6	1	7	3	8	4	9
8	9	4	7	3	1	2	6	5
5	3	7	2	8	6	4	9	1
1	6	2	5	4	9	7	3	8
4	8	1	6	5	2	9	7	3
6	7	3	8	9	4	5	1	2
9	2	5	3	1	7	6	8	4

PUZZLE 193

5	8	9	3	1	2	6	7	4
3	4	7	9	5	6	1	2	8
6	2	1	4	7	8	9	3	5
7	5	6	2	3	1	8	4	9
9	3	4	8	6	7	2	5	1
2	1	8	5	9	4	3	6	7
4	6	3	1	8	5	7	9	2
1	9	2	7	4	3	5	8	6
8	7	5	6	2	9	4	1	3

PUZZLE 194

8	7	9	5	6	3	1	2	4
5	3	4	8	2	1	9	6	7
2	6	1	7	4	9	3	5	8
6	1	3	2	5	8	7	4	9
7	2	8	1	9	4	6	3	5
4	9	5	3	7	6	8	1	2
3	5	6	4	8	7	2	9	1
9	8	2	6	1	5	4	7	3
1	4	7	9	3	2	5	8	6

PUZZLE 195

3	8	1	9	7	4	2	6	5
2	6	7	5	8	3	1	4	9
4	9	5	1	6	2	8	3	7
6	2	3	7	4	5	9	8	1
7	1	4	6	9	8	5	2	3
8	5	9	3	2	1	4	7	6
9	3	2	8	5	6	7	1	4
1	7	8	4	3	9	6	5	2
5	4	6	2	1	7	3	9	8

PUZZLE 196

4	6	3	1	7	2	9	5	8
1	8	5	9	6	4	3	7	2
9	2	7	3	8	5	4	6	1
3	1	4	5	2	7	6	8	9
2	9	8	6	1	3	7	4	5
7	5	6	8	4	9	1	2	3
8	3	9	7	5	6	2	1	4
6	4	1	2	3	8	5	9	7
5	7	2	4	9	1	8	3	6

PUZZLE 197

9	3	2	6	1	7	8	4	5
4	7	8	5	3	9	2	1	6
5	1	6	2	8	4	7	3	9
8	4	7	9	5	6	1	2	3
1	2	5	8	4	3	6	9	7
3	6	9	1	7	2	4	5	8
2	9	1	3	6	8	5	7	4
6	5	4	7	9	1	3	8	2
7	8	3	4	2	5	9	6	1

PUZZLE 198

9	5	2	8	4	6	1	7	3
6	7	1	5	2	3	4	9	8
3	8	4	1	7	9	6	2	5
7	2	5	6	3	8	9	4	1
8	1	9	2	5	4	3	6	7
4	3	6	7	9	1	5	8	2
5	4	7	3	6	2	8	1	9
2	9	8	4	1	5	7	3	6
1	6	3	9	8	7	2	5	4

PUZZLE 199

6	2	7	1	9	4	3	5	8
5	1	9	6	3	8	4	7	2
4	8	3	5	2	7	9	1	6
8	9	5	7	4	1	2	6	3
2	7	6	3	8	5	1	4	9
1	3	4	9	6	2	5	8	7
9	4	8	2	1	6	7	3	5
7	6	2	4	5	3	8	9	1
3	5	1	8	7	9	6	2	4

PUZZLE 200

8	5	4	1	9	2	3	6	7
6	9	2	3	7	5	4	1	8
3	7	1	6	8	4	5	2	9
1	2	8	9	3	7	6	5	4
7	4	5	2	1	6	9	8	3
9	6	3	4	5	8	1	7	2
5	8	9	7	6	3	2	4	1
4	1	7	5	2	9	8	3	6
2	3	6	8	4	1	7	9	5

PUZZLE 201

5	4	1	9	8	3	7	6	2
8	3	2	6	1	7	4	9	5
6	7	9	4	2	5	1	8	3
9	8	4	7	6	2	5	3	1
1	2	3	5	4	8	6	7	9
7	5	6	3	9	1	2	4	8
4	1	8	2	3	6	9	5	7
2	9	7	8	5	4	3	1	6
3	6	5	1	7	9	8	2	4

PUZZLE 202

2	5	8	1	3	6	4	7	9
4	1	6	9	5	7	2	3	8
9	7	3	4	2	8	1	6	5
1	9	2	3	7	4	8	5	6
5	6	7	2	8	9	3	4	1
8	3	4	6	1	5	9	2	7
3	4	5	7	9	1	6	8	2
6	8	1	5	4	2	7	9	3
7	2	9	8	6	3	5	1	4

PUZZLE 203

6	8	7	9	4	3	5	1	2
3	9	2	1	8	5	6	7	4
4	5	1	2	7	6	3	9	8
2	1	5	8	6	9	7	4	3
8	3	6	7	2	4	9	5	1
7	4	9	5	3	1	2	8	6
1	7	3	6	9	8	4	2	5
9	6	8	4	5	2	1	3	7
5	2	4	3	1	7	8	6	9

PUZZLE 204

5	4	6	7	1	9	3	2	8
9	7	8	6	2	3	5	4	1
2	1	3	4	5	8	9	6	7
6	9	5	8	4	2	7	1	3
7	3	1	9	6	5	4	8	2
4	8	2	3	7	1	6	5	9
1	5	7	2	9	4	8	3	6
3	6	4	1	8	7	2	9	5
8	2	9	5	3	6	1	7	4

PUZZLE 205

6	2	9	3	4	1	7	8	5
1	7	5	2	6	8	9	4	3
4	8	3	9	5	7	1	2	6
9	6	4	8	3	5	2	1	7
7	5	2	4	1	9	3	6	8
3	1	8	6	7	2	5	9	4
5	4	1	7	9	6	8	3	2
2	3	7	1	8	4	6	5	9
8	9	6	5	2	3	4	7	1

PUZZLE 206

7	6	3	9	4	1	2	5	8
1	4	8	2	7	5	9	6	3
2	5	9	8	6	3	1	4	7
6	8	4	5	1	7	3	9	2
5	7	2	3	9	4	6	8	1
3	9	1	6	8	2	4	7	5
9	1	5	4	3	8	7	2	6
4	2	7	1	5	6	8	3	9
8	3	6	7	2	9	5	1	4

PUZZLE 207

7	6	4	1	2	5	9	3	8
9	2	5	6	8	3	4	1	7
8	3	1	9	4	7	6	5	2
2	5	9	4	3	6	7	8	1
4	1	3	2	7	8	5	9	6
6	8	7	5	9	1	2	4	3
5	4	8	3	6	2	1	7	9
1	7	2	8	5	9	3	6	4
3	9	6	7	1	4	8	2	5

PUZZLE 208

3	9	6	8	4	2	1	7	5
4	7	8	5	1	9	6	3	2
2	5	1	3	6	7	9	4	8
1	4	7	2	8	5	3	9	6
5	6	3	9	7	1	8	2	4
9	8	2	6	3	4	7	5	1
8	3	4	7	2	6	5	1	9
7	2	9	1	5	8	4	6	3
6	1	5	4	9	3	2	8	7

PUZZLE 209

1	8	6	3	9	2	7	4	5
9	4	5	8	7	6	1	2	3
2	3	7	1	4	5	8	9	6
4	9	2	6	1	7	3	5	8
5	1	3	9	2	8	6	7	4
6	7	8	5	3	4	9	1	2
8	2	4	7	6	9	5	3	1
7	6	1	4	5	3	2	8	9
3	5	9	2	8	1	4	6	7

PUZZLE 210

4	9	6	5	3	1	2	7	8
1	2	5	8	9	7	4	6	3
7	3	8	2	4	6	1	9	5
8	1	9	4	5	2	7	3	6
2	6	4	9	7	3	8	5	1
5	7	3	1	6	8	9	2	4
6	8	1	3	2	9	5	4	7
3	4	2	7	8	5	6	1	9
9	5	7	6	1	4	3	8	2

PUZZLE 211

1	4	8	3	9	7	5	2	6
7	3	2	6	5	1	8	9	4
5	9	6	4	8	2	3	7	1
4	6	9	2	1	5	7	8	3
8	1	5	7	3	6	2	4	9
2	7	3	8	4	9	1	6	5
3	2	7	1	6	4	9	5	8
9	8	4	5	7	3	6	1	2
6	5	1	9	2	8	4	3	7

PUZZLE 212

6	3	4	1	8	9	2	7	5
9	8	7	2	5	6	1	3	4
5	2	1	7	4	3	9	8	6
3	1	2	5	7	4	8	6	9
4	9	6	3	2	8	7	5	1
8	7	5	6	9	1	4	2	3
2	5	3	9	1	7	6	4	8
1	6	8	4	3	2	5	9	7
7	4	9	8	6	5	3	1	2

PUZZLE 213

8	2	6	7	5	4	3	9	1
4	3	5	1	6	9	2	8	7
7	9	1	8	3	2	6	5	4
3	5	7	2	9	8	4	1	6
6	4	8	3	1	5	9	7	2
2	1	9	4	7	6	5	3	8
9	7	4	6	8	3	1	2	5
5	8	2	9	4	1	7	6	3
1	6	3	5	2	7	8	4	9

PUZZLE 214

7	6	9	1	3	4	2	8	5
1	3	5	2	8	6	7	9	4
4	2	8	7	5	9	3	6	1
8	9	6	3	1	5	4	2	7
3	1	7	9	4	2	8	5	6
5	4	2	8	6	7	9	1	3
2	7	4	5	9	1	6	3	8
6	8	1	4	2	3	5	7	9
9	5	3	6	7	8	1	4	2

PUZZLE 215

9	4	3	6	5	2	7	8	1
6	7	5	1	8	4	2	9	3
2	8	1	7	9	3	4	5	6
7	1	9	2	3	5	6	4	8
4	3	8	9	6	7	1	2	5
5	2	6	4	1	8	3	7	9
1	6	2	8	7	9	5	3	4
8	5	4	3	2	1	9	6	7
3	9	7	5	4	6	8	1	2

PUZZLE 216

1	7	9	8	6	2	5	3	4
2	8	5	3	4	7	9	6	1
6	3	4	5	9	1	8	7	2
9	5	8	1	7	3	2	4	6
7	6	3	9	2	4	1	5	8
4	1	2	6	8	5	3	9	7
5	9	7	2	1	6	4	8	3
8	4	1	7	3	9	6	2	5
3	2	6	4	5	8	7	1	9

PUZZLE 217

5	3	1	8	7	2	4	9	6
2	9	4	3	5	6	7	8	1
6	8	7	1	9	4	5	2	3
3	2	8	4	6	5	1	7	9
7	4	6	2	1	9	8	3	5
1	5	9	7	3	8	6	4	2
4	6	2	9	8	1	3	5	7
9	1	3	5	4	7	2	6	8
8	7	5	6	2	3	9	1	4

PUZZLE 218

2	4	8	3	7	1	9	5	6
5	1	6	9	8	4	2	7	3
3	9	7	5	2	6	1	8	4
4	6	2	7	1	9	5	3	8
8	5	9	6	4	3	7	2	1
7	3	1	2	5	8	4	6	9
9	8	5	4	6	7	3	1	2
1	7	3	8	9	2	6	4	5
6	2	4	1	3	5	8	9	7

PUZZLE 219

9	5	6	7	2	1	4	8	3
1	7	4	5	8	3	6	2	9
2	3	8	4	9	6	7	1	5
4	2	3	9	1	5	8	7	6
5	1	7	2	6	8	3	9	4
6	8	9	3	4	7	2	5	1
8	9	1	6	7	4	5	3	2
7	4	5	1	3	2	9	6	8
3	6	2	8	5	9	1	4	7

PUZZLE 220

5	6	2	9	3	7	1	8	4
1	4	3	6	5	8	9	2	7
8	9	7	1	4	2	3	6	5
2	3	4	7	1	5	6	9	8
6	7	5	3	8	9	4	1	2
9	1	8	4	2	6	7	5	3
4	2	6	8	7	1	5	3	9
3	8	1	5	9	4	2	7	6
7	5	9	2	6	3	8	4	1

PUZZLE 221

9	1	3	5	6	2	8	4	7
7	5	4	3	1	8	9	2	6
8	2	6	4	9	7	3	1	5
2	3	7	9	8	1	5	6	4
4	9	1	6	7	5	2	8	3
6	8	5	2	3	4	1	7	9
1	6	9	7	2	3	4	5	8
5	7	8	1	4	9	6	3	2
3	4	2	8	5	6	7	9	1

PUZZLE 222

7	4	5	9	1	8	6	3	2
8	3	1	5	6	2	9	4	7
6	2	9	4	7	3	5	8	1
3	8	2	7	9	5	4	1	6
5	1	4	2	8	6	3	7	9
9	7	6	3	4	1	8	2	5
1	9	3	6	2	4	7	5	8
2	5	7	8	3	9	1	6	4
4	6	8	1	5	7	2	9	3

PUZZLE 223

4	2	5	6	3	9	1	8	7
8	7	9	4	1	2	6	5	3
6	1	3	8	5	7	9	2	4
5	8	2	9	6	3	7	4	1
1	4	6	2	7	5	8	3	9
9	3	7	1	8	4	2	6	5
7	9	8	5	4	6	3	1	2
3	5	1	7	2	8	4	9	6
2	6	4	3	9	1	5	7	8

PUZZLE 224

9	5	7	6	3	2	4	8	1
4	2	1	7	8	5	9	3	6
3	6	8	9	1	4	5	2	7
2	1	4	8	6	9	3	7	5
7	8	3	5	2	1	6	9	4
5	9	6	4	7	3	8	1	2
1	3	9	2	5	6	7	4	8
6	7	2	3	4	8	1	5	9
8	4	5	1	9	7	2	6	3

PUZZLE 225

3	5	9	8	7	1	6	4	2
1	8	2	4	6	3	9	7	5
4	7	6	9	5	2	3	8	1
6	4	7	2	9	5	8	1	3
5	2	3	1	8	4	7	9	6
9	1	8	7	3	6	2	5	4
8	6	1	5	2	7	4	3	9
7	3	4	6	1	9	5	2	8
2	9	5	3	4	8	1	6	7

PUZZLE 226

8	6	1	5	2	4	9	7	3
9	2	5	3	8	7	6	4	1
4	7	3	9	6	1	2	8	5
1	4	9	7	3	2	8	5	6
6	3	2	4	5	8	7	1	9
7	5	8	1	9	6	4	3	2
5	9	7	2	4	3	1	6	8
3	8	4	6	1	9	5	2	7
2	1	6	8	7	5	3	9	4

PUZZLE 227

8	4	2	3	5	9	1	7	6
3	1	5	4	6	7	9	2	8
9	7	6	1	2	8	3	4	5
5	9	8	7	4	6	2	3	1
4	6	3	5	1	2	8	9	7
1	2	7	8	9	3	5	6	4
2	5	4	9	7	1	6	8	3
6	3	1	2	8	4	7	5	9
7	8	9	6	3	5	4	1	2

PUZZLE 228

7	5	8	1	4	6	3	9	2
2	4	6	8	9	3	7	1	5
9	1	3	7	2	5	4	8	6
6	8	5	3	1	9	2	7	4
4	7	9	5	6	2	8	3	1
3	2	1	4	8	7	5	6	9
5	3	4	9	7	1	6	2	8
8	9	2	6	3	4	1	5	7
1	6	7	2	5	8	9	4	3

PUZZLE 229

1	9	4	7	6	5	3	2	8
7	8	6	3	1	2	5	4	9
3	2	5	4	8	9	6	1	7
8	6	1	2	9	3	7	5	4
2	4	7	1	5	6	9	8	3
5	3	9	8	7	4	1	6	2
6	1	8	9	2	7	4	3	5
9	5	3	6	4	8	2	7	1
4	7	2	5	3	1	8	9	6

PUZZLE 230

3	4	5	7	2	1	8	9	6
8	1	9	5	3	6	2	4	7
6	2	7	8	4	9	3	1	5
2	3	6	1	8	7	4	5	9
7	8	1	9	5	4	6	2	3
5	9	4	2	6	3	7	8	1
4	6	8	3	9	5	1	7	2
1	5	3	4	7	2	9	6	8
9	7	2	6	1	8	5	3	4

PUZZLE 231

3	6	2	5	4	8	9	1	7
7	4	8	3	1	9	2	6	5
9	5	1	7	6	2	3	4	8
8	7	4	6	2	1	5	3	9
2	1	9	8	5	3	4	7	6
6	3	5	9	7	4	1	8	2
5	2	6	4	3	7	8	9	1
1	8	3	2	9	6	7	5	4
4	9	7	1	8	5	6	2	3

PUZZLE 232

3	6	1	4	8	5	7	2	9
8	2	5	7	3	9	4	1	6
7	4	9	2	6	1	3	5	8
4	1	8	5	2	7	9	6	3
9	3	2	6	1	8	5	4	7
6	5	7	3	9	4	2	8	1
5	7	6	8	4	3	1	9	2
2	9	4	1	7	6	8	3	5
1	8	3	9	5	2	6	7	4

PUZZLE 233

3	1	9	6	2	4	5	7	8
8	6	5	7	1	3	4	9	2
4	2	7	8	9	5	3	1	6
5	7	4	2	8	1	6	3	9
2	8	3	9	5	6	7	4	1
1	9	6	4	3	7	8	2	5
7	5	1	3	6	9	2	8	4
9	4	8	5	7	2	1	6	3
6	3	2	1	4	8	9	5	7

PUZZLE 234

7	6	8	2	9	3	5	4	1
9	4	2	1	5	7	8	3	6
1	3	5	4	8	6	2	7	9
8	2	3	7	4	9	1	6	5
6	7	9	5	3	1	4	8	2
5	1	4	8	6	2	7	9	3
2	9	1	3	7	8	6	5	4
3	5	7	6	2	4	9	1	8
4	8	6	9	1	5	3	2	7

PUZZLE 235

8	6	9	2	1	5	3	7	4
2	3	7	9	4	6	1	8	5
1	5	4	3	8	7	9	6	2
6	4	1	8	5	9	7	2	3
7	2	8	4	3	1	6	5	9
5	9	3	7	6	2	4	1	8
4	8	5	1	7	3	2	9	6
9	1	6	5	2	4	8	3	7
3	7	2	6	9	8	5	4	1

PUZZLE 236

5	7	4	6	8	1	3	9	2
1	6	9	2	3	4	7	8	5
8	3	2	9	7	5	6	1	4
3	2	7	5	9	6	8	4	1
6	5	8	1	4	3	9	2	7
9	4	1	8	2	7	5	3	6
4	9	3	7	5	2	1	6	8
2	1	5	3	6	8	4	7	9
7	8	6	4	1	9	2	5	3

PUZZLE 237

8	7	4	6	9	3	5	2	1
9	6	1	2	5	4	7	3	8
3	5	2	8	7	1	6	9	4
2	3	7	5	4	8	1	6	9
1	8	5	9	6	2	3	4	7
4	9	6	1	3	7	8	5	2
6	4	9	7	8	5	2	1	3
5	2	8	3	1	9	4	7	6
7	1	3	4	2	6	9	8	5

PUZZLE 238

1	2	9	5	3	6	7	8	4
7	4	5	2	9	8	1	3	6
3	8	6	7	4	1	2	9	5
2	9	1	3	7	4	6	5	8
8	6	3	1	2	5	9	4	7
5	7	4	8	6	9	3	1	2
4	1	2	9	8	7	5	6	3
6	5	7	4	1	3	8	2	9
9	3	8	6	5	2	4	7	1

PUZZLE 239

8	5	9	2	1	4	3	6	7
4	6	3	9	7	5	1	8	2
1	7	2	8	3	6	5	9	4
3	1	6	7	2	9	4	5	8
7	9	8	5	4	3	6	2	1
5	2	4	1	6	8	7	3	9
6	3	7	4	8	2	9	1	5
9	8	1	3	5	7	2	4	6
2	4	5	6	9	1	8	7	3

PUZZLE 240

1	3	7	4	8	6	5	2	9
2	8	4	9	5	7	3	1	6
9	6	5	3	1	2	8	4	7
4	7	1	5	2	9	6	3	8
6	2	3	7	4	8	9	5	1
8	5	9	6	3	1	2	7	4
5	4	8	1	6	3	7	9	2
7	1	2	8	9	5	4	6	3
3	9	6	2	7	4	1	8	5

PUZZLE 241

9	3	2	4	5	6	1	8	7
8	4	1	9	2	7	3	6	5
6	5	7	1	3	8	4	2	9
7	2	5	8	9	4	6	3	1
1	9	8	3	6	5	2	7	4
3	6	4	2	7	1	5	9	8
2	7	3	5	1	9	8	4	6
4	1	6	7	8	3	9	5	2
5	8	9	6	4	2	7	1	3

PUZZLE 242

7	2	3	9	1	8	4	6	5
9	5	4	6	2	3	7	8	1
8	1	6	5	4	7	3	2	9
3	7	2	4	6	1	5	9	8
5	8	1	2	3	9	6	4	7
4	6	9	7	8	5	2	1	3
6	3	5	1	9	4	8	7	2
1	4	8	3	7	2	9	5	6
2	9	7	8	5	6	1	3	4

PUZZLE 243

2	9	7	4	1	6	3	5	8
5	1	6	8	9	3	2	4	7
8	4	3	2	5	7	1	6	9
3	5	8	6	2	4	7	9	1
9	6	4	3	7	1	8	2	5
7	2	1	9	8	5	4	3	6
6	7	9	1	3	2	5	8	4
1	8	2	5	4	9	6	7	3
4	3	5	7	6	8	9	1	2

PUZZLE 244

4	3	7	2	6	5	9	8	1
8	5	1	9	3	7	4	6	2
6	2	9	4	8	1	5	3	7
5	6	3	1	2	9	8	7	4
7	9	8	5	4	6	2	1	3
2	1	4	3	7	8	6	5	9
3	7	2	6	5	4	1	9	8
9	8	6	7	1	2	3	4	5
1	4	5	8	9	3	7	2	6

PUZZLE 245

2	7	8	4	5	9	1	3	6
3	6	4	1	2	7	5	8	9
9	5	1	8	6	3	4	7	2
5	9	3	7	1	8	2	6	4
7	4	2	6	9	5	3	1	8
1	8	6	2	3	4	9	5	7
6	3	5	9	7	2	8	4	1
8	2	7	5	4	1	6	9	3
4	1	9	3	8	6	7	2	5

PUZZLE 246

7	5	1	8	6	3	2	9	4
6	8	3	9	2	4	5	1	7
4	2	9	1	7	5	8	6	3
3	9	5	6	4	8	7	2	1
8	4	2	5	1	7	9	3	6
1	7	6	3	9	2	4	8	5
5	6	7	2	3	9	1	4	8
9	1	4	7	8	6	3	5	2
2	3	8	4	5	1	6	7	9

PUZZLE 247

1	9	2	6	5	7	4	8	3
3	6	8	2	9	4	7	5	1
7	5	4	1	8	3	6	2	9
4	7	9	8	2	6	1	3	5
6	1	5	4	3	9	8	7	2
2	8	3	5	7	1	9	6	4
5	4	1	7	6	2	3	9	8
8	3	7	9	1	5	2	4	6
9	2	6	3	4	8	5	1	7

PUZZLE 248

6	2	9	4	1	5	3	8	7
3	8	4	6	9	7	1	5	2
1	7	5	2	3	8	6	4	9
4	1	7	9	5	3	8	2	6
5	6	2	8	7	4	9	1	3
9	3	8	1	6	2	4	7	5
8	5	6	3	2	1	7	9	4
2	9	1	7	4	6	5	3	8
7	4	3	5	8	9	2	6	1

PUZZLE 249

1	9	8	3	2	5	4	6	7
7	6	5	4	1	8	2	9	3
2	4	3	6	9	7	1	8	5
5	1	4	8	3	9	7	2	6
6	8	9	2	7	1	5	3	4
3	2	7	5	6	4	9	1	8
9	5	6	7	8	2	3	4	1
8	7	2	1	4	3	6	5	9
4	3	1	9	5	6	8	7	2

PUZZLE 250

3	6	4	9	7	2	5	8	1
7	5	1	6	8	3	4	9	2
9	2	8	5	4	1	3	7	6
6	3	2	1	9	8	7	5	4
8	4	9	7	5	6	2	1	3
5	1	7	3	2	4	9	6	8
1	7	6	2	3	5	8	4	9
4	9	3	8	1	7	6	2	5
2	8	5	4	6	9	1	3	7

PUZZLE 251

8	7	9	4	6	1	2	5	3
4	2	5	3	7	8	6	1	9
3	1	6	5	9	2	8	4	7
1	9	4	6	8	3	5	7	2
2	6	7	1	5	4	3	9	8
5	3	8	9	2	7	4	6	1
9	5	3	8	1	6	7	2	4
7	4	1	2	3	5	9	8	6
6	8	2	7	4	9	1	3	5

PUZZLE 252

3	9	6	1	8	7	2	5	4
7	5	1	4	2	6	8	9	3
4	2	8	5	3	9	1	7	6
6	4	2	9	1	8	7	3	5
9	1	5	6	7	3	4	2	8
8	3	7	2	5	4	6	1	9
1	6	4	3	9	2	5	8	7
2	8	9	7	6	5	3	4	1
5	7	3	8	4	1	9	6	2

PUZZLE 253

5	9	7	3	2	1	4	6	8
6	8	3	4	7	5	1	2	9
1	4	2	6	8	9	7	3	5
4	2	8	9	3	7	5	1	6
3	5	1	8	6	2	9	7	4
9	7	6	5	1	4	3	8	2
8	3	4	7	9	6	2	5	1
2	6	9	1	5	3	8	4	7
7	1	5	2	4	8	6	9	3

PUZZLE 254

4	9	1	8	5	7	6	2	3
6	5	2	9	4	3	8	7	1
3	8	7	2	1	6	5	9	4
2	4	6	7	8	9	3	1	5
1	3	9	6	2	5	4	8	7
8	7	5	1	3	4	2	6	9
9	1	3	4	6	2	7	5	8
5	6	8	3	7	1	9	4	2
7	2	4	5	9	8	1	3	6

PUZZLE 255

9	3	8	4	5	7	2	6	1
7	4	2	6	9	1	3	8	5
5	6	1	8	2	3	4	7	9
1	9	6	5	3	8	7	4	2
2	7	4	1	6	9	5	3	8
3	8	5	2	7	4	9	1	6
4	2	7	9	8	6	1	5	3
6	5	3	7	1	2	8	9	4
8	1	9	3	4	5	6	2	7

PUZZLE 256

8	9	5	7	4	2	1	6	3
2	4	7	3	6	1	8	9	5
3	6	1	9	8	5	4	2	7
6	5	2	8	7	9	3	1	4
4	7	9	1	5	3	2	8	6
1	3	8	4	2	6	5	7	9
5	1	6	2	9	4	7	3	8
7	2	4	6	3	8	9	5	1
9	8	3	5	1	7	6	4	2

PUZZLE 257

3	7	1	2	8	9	4	6	5
9	5	4	6	7	1	8	3	2
8	2	6	5	3	4	1	9	7
4	9	7	8	6	2	5	1	3
5	8	3	1	9	7	2	4	6
6	1	2	4	5	3	9	7	8
2	3	9	7	4	8	6	5	1
1	4	5	3	2	6	7	8	9
7	6	8	9	1	5	3	2	4

PUZZLE 258

6	1	4	3	5	7	8	2	9
5	8	9	4	2	1	7	6	3
7	2	3	6	8	9	4	5	1
2	9	1	5	7	6	3	4	8
8	7	5	9	3	4	6	1	2
4	3	6	8	1	2	5	9	7
9	5	8	2	6	3	1	7	4
3	4	7	1	9	5	2	8	6
1	6	2	7	4	8	9	3	5

PUZZLE 259

8	3	5	1	4	7	6	2	9
7	4	1	6	9	2	8	3	5
2	9	6	3	8	5	4	7	1
4	1	2	9	7	8	5	6	3
3	5	8	2	1	6	7	9	4
9	6	7	4	5	3	1	8	2
5	7	4	8	3	9	2	1	6
6	8	3	5	2	1	9	4	7
1	2	9	7	6	4	3	5	8

PUZZLE 260

2	1	9	7	5	8	3	4	6
4	8	5	2	6	3	1	7	9
7	6	3	9	1	4	2	5	8
8	2	6	5	3	1	4	9	7
1	5	7	4	9	2	6	8	3
3	9	4	6	8	7	5	2	1
5	4	8	1	7	6	9	3	2
9	7	1	3	2	5	8	6	4
6	3	2	8	4	9	7	1	5

PUZZLE 261

1	4	3	6	8	7	2	9	5
2	8	6	5	3	9	7	1	4
5	9	7	2	4	1	3	6	8
9	6	5	7	2	4	1	8	3
8	7	4	1	5	3	6	2	9
3	2	1	8	9	6	4	5	7
4	3	2	9	1	8	5	7	6
7	5	9	3	6	2	8	4	1
6	1	8	4	7	5	9	3	2

PUZZLE 262

4	2	9	3	6	8	7	5	1
1	6	3	7	5	4	2	9	8
7	5	8	9	1	2	6	3	4
3	7	6	8	2	5	4	1	9
5	8	4	1	7	9	3	2	6
2	9	1	4	3	6	8	7	5
6	4	7	5	9	3	1	8	2
9	1	2	6	8	7	5	4	3
8	3	5	2	4	1	9	6	7

PUZZLE 263

7	1	9	3	4	8	2	5	6
4	8	3	2	5	6	7	9	1
5	2	6	1	9	7	8	3	4
6	7	8	9	3	1	5	4	2
9	5	2	7	6	4	1	8	3
3	4	1	8	2	5	6	7	9
8	9	5	4	1	2	3	6	7
2	3	7	6	8	9	4	1	5
1	6	4	5	7	3	9	2	8

PUZZLE 264

2	3	6	4	7	8	5	1	9
5	1	8	6	2	9	4	7	3
7	4	9	1	5	3	2	8	6
3	6	1	5	9	7	8	4	2
4	9	5	8	1	2	3	6	7
8	2	7	3	6	4	1	9	5
1	5	2	7	8	6	9	3	4
6	8	3	9	4	5	7	2	1
9	7	4	2	3	1	6	5	8

PUZZLE 265

3	1	8	4	7	2	5	6	9
5	7	2	6	1	9	8	3	4
9	4	6	3	8	5	1	2	7
6	2	3	8	4	7	9	5	1
7	9	4	1	5	3	6	8	2
1	8	5	2	9	6	4	7	3
4	3	9	5	2	8	7	1	6
8	6	7	9	3	1	2	4	5
2	5	1	7	6	4	3	9	8

PUZZLE 266

1	3	8	5	7	2	9	6	4
4	6	7	3	9	8	1	5	2
9	2	5	4	6	1	7	3	8
5	8	4	7	3	6	2	1	9
3	1	6	8	2	9	4	7	5
7	9	2	1	4	5	6	8	3
6	7	9	2	8	3	5	4	1
2	5	3	6	1	4	8	9	7
8	4	1	9	5	7	3	2	6

PUZZLE 267

5	6	1	2	9	7	3	4	8
3	9	4	8	1	6	2	5	7
2	8	7	3	5	4	6	1	9
1	7	9	5	3	8	4	2	6
4	2	6	1	7	9	8	3	5
8	3	5	4	6	2	9	7	1
7	1	8	9	2	3	5	6	4
6	4	3	7	8	5	1	9	2
9	5	2	6	4	1	7	8	3

PUZZLE 268

5	9	2	4	3	7	6	8	1
1	4	8	2	6	5	9	7	3
6	7	3	8	9	1	5	2	4
2	6	4	1	8	9	7	3	5
3	8	5	6	7	2	1	4	9
7	1	9	3	5	4	8	6	2
8	3	1	5	4	6	2	9	7
4	5	7	9	2	8	3	1	6
9	2	6	7	1	3	4	5	8

PUZZLE 269

3	2	9	7	1	4	5	8	6
5	4	6	8	9	2	3	1	7
8	7	1	5	6	3	9	2	4
6	1	5	3	4	8	7	9	2
4	3	2	9	7	1	8	6	5
7	9	8	2	5	6	4	3	1
9	5	3	1	2	7	6	4	8
2	6	7	4	8	9	1	5	3
1	8	4	6	3	5	2	7	9

PUZZLE 270

2	1	8	4	7	3	5	9	6
7	5	6	1	9	2	8	4	3
9	3	4	5	6	8	7	1	2
8	7	5	2	1	6	4	3	9
4	2	9	3	5	7	6	8	1
3	6	1	8	4	9	2	5	7
6	4	7	9	3	5	1	2	8
5	9	2	6	8	1	3	7	4
1	8	3	7	2	4	9	6	5

PUZZLE 271

1	4	6	5	9	2	7	3	8
8	5	9	3	4	7	2	1	6
3	2	7	1	6	8	4	9	5
9	7	2	6	8	5	1	4	3
6	1	5	9	3	4	8	7	2
4	8	3	7	2	1	5	6	9
5	6	8	4	1	9	3	2	7
7	9	4	2	5	3	6	8	1
2	3	1	8	7	6	9	5	4

PUZZLE 272

7	3	5	6	9	1	2	4	8
6	2	9	3	8	4	1	7	5
4	8	1	2	5	7	6	3	9
2	1	4	8	7	9	5	6	3
5	9	3	1	4	6	8	2	7
8	6	7	5	3	2	9	1	4
3	5	6	4	2	8	7	9	1
9	4	2	7	1	5	3	8	6
1	7	8	9	6	3	4	5	2

PUZZLE 273

6	1	4	9	5	8	2	7	3
8	7	2	3	4	6	5	9	1
3	5	9	1	7	2	8	6	4
2	4	5	6	1	9	3	8	7
9	8	6	2	3	7	4	1	5
1	3	7	4	8	5	6	2	9
5	2	3	8	9	1	7	4	6
7	6	1	5	2	4	9	3	8
4	9	8	7	6	3	1	5	2

PUZZLE 274

2	9	8	1	6	3	7	5	4
6	3	5	9	7	4	8	1	2
4	7	1	2	5	8	9	6	3
9	6	3	7	4	1	2	8	5
5	2	4	3	8	6	1	9	7
1	8	7	5	2	9	3	4	6
7	1	6	8	3	5	4	2	9
8	5	2	4	9	7	6	3	1
3	4	9	6	1	2	5	7	8

PUZZLE 275

4	7	9	8	1	3	6	5	2
6	3	5	4	9	2	1	8	7
1	2	8	5	7	6	9	4	3
8	4	3	2	6	1	5	7	9
7	9	1	3	4	5	2	6	8
5	6	2	9	8	7	3	1	4
2	8	4	1	5	9	7	3	6
3	1	6	7	2	4	8	9	5
9	5	7	6	3	8	4	2	1

PUZZLE 276

8	3	7	2	9	4	5	1	6
9	1	6	8	7	5	3	2	4
4	2	5	3	6	1	9	8	7
6	9	2	4	5	7	1	3	8
7	8	1	6	3	9	2	4	5
5	4	3	1	8	2	7	6	9
2	5	4	9	1	6	8	7	3
3	6	9	7	2	8	4	5	1
1	7	8	5	4	3	6	9	2

PUZZLE 277

3	9	2	6	4	5	8	1	7
6	8	1	7	3	9	2	5	4
5	7	4	1	2	8	6	3	9
8	5	7	3	9	2	4	6	1
4	2	6	5	7	1	9	8	3
9	1	3	8	6	4	5	7	2
7	4	5	9	8	3	1	2	6
2	6	8	4	1	7	3	9	5
1	3	9	2	5	6	7	4	8

PUZZLE 278

9	5	8	3	6	1	4	7	2
1	3	2	7	5	4	6	8	9
6	7	4	9	2	8	1	3	5
4	8	7	5	1	9	2	6	3
2	6	9	8	4	3	5	1	7
5	1	3	2	7	6	8	9	4
8	2	5	1	3	7	9	4	6
3	9	6	4	8	5	7	2	1
7	4	1	6	9	2	3	5	8

PUZZLE 279

5	8	9	2	1	4	6	7	3
2	4	6	3	5	7	1	9	8
1	7	3	6	9	8	5	4	2
7	9	1	8	6	3	2	5	4
4	3	8	9	2	5	7	1	6
6	5	2	4	7	1	8	3	9
8	6	5	7	4	9	3	2	1
9	2	7	1	3	6	4	8	5
3	1	4	5	8	2	9	6	7

PUZZLE 280

3	4	7	5	2	1	9	8	6
9	1	8	6	4	7	3	2	5
5	2	6	8	9	3	4	1	7
2	5	1	3	7	9	8	6	4
8	6	3	4	5	2	7	9	1
7	9	4	1	8	6	2	5	3
6	7	9	2	3	5	1	4	8
1	8	2	7	6	4	5	3	9
4	3	5	9	1	8	6	7	2

PUZZLE 281

9	8	2	6	1	7	4	3	5
1	6	5	4	9	3	7	8	2
4	7	3	8	5	2	6	9	1
8	2	7	9	4	1	3	5	6
5	1	4	7	3	6	9	2	8
6	3	9	2	8	5	1	4	7
3	9	6	5	7	8	2	1	4
2	4	8	1	6	9	5	7	3
7	5	1	3	2	4	8	6	9

PUZZLE 282

3	1	8	5	6	9	2	4	7
9	4	2	1	7	8	5	6	3
5	6	7	4	2	3	1	8	9
4	2	3	8	1	6	9	7	5
7	8	9	3	5	4	6	2	1
1	5	6	7	9	2	8	3	4
2	3	1	9	8	7	4	5	6
6	9	4	2	3	5	7	1	8
8	7	5	6	4	1	3	9	2

PUZZLE 283

4	5	1	8	6	3	9	2	7
9	2	3	4	5	7	6	8	1
7	8	6	1	9	2	4	3	5
3	6	9	2	7	4	5	1	8
2	1	8	5	3	9	7	4	6
5	7	4	6	1	8	3	9	2
8	3	2	7	4	5	1	6	9
1	4	5	9	2	6	8	7	3
6	9	7	3	8	1	2	5	4

PUZZLE 284

6	2	1	9	7	5	8	3	4
9	4	3	6	2	8	5	1	7
8	5	7	3	1	4	2	6	9
1	3	8	7	4	6	9	5	2
2	7	9	5	8	1	6	4	3
5	6	4	2	9	3	1	7	8
4	9	2	1	6	7	3	8	5
7	1	5	8	3	9	4	2	6
3	8	6	4	5	2	7	9	1

PUZZLE 285

4	7	9	5	3	1	6	8	2
5	1	3	6	8	2	4	7	9
8	6	2	7	4	9	5	1	3
9	5	6	3	7	4	8	2	1
3	4	8	2	1	6	9	5	7
7	2	1	8	9	5	3	4	6
2	3	5	4	6	7	1	9	8
6	9	4	1	2	8	7	3	5
1	8	7	9	5	3	2	6	4

PUZZLE 286

2	9	5	3	1	6	7	4	8
8	6	7	4	9	5	1	3	2
3	4	1	7	8	2	9	5	6
5	8	9	6	4	3	2	1	7
7	3	6	9	2	1	4	8	5
1	2	4	5	7	8	6	9	3
6	5	2	1	3	4	8	7	9
9	1	3	8	6	7	5	2	4
4	7	8	2	5	9	3	6	1

PUZZLE 287

1	7	4	9	6	8	3	5	2
2	9	8	4	5	3	6	1	7
6	5	3	2	1	7	8	9	4
5	4	7	8	3	6	9	2	1
9	1	6	7	2	4	5	8	3
3	8	2	1	9	5	4	7	6
7	3	9	5	4	1	2	6	8
8	6	5	3	7	2	1	4	9
4	2	1	6	8	9	7	3	5

PUZZLE 288

1	5	3	4	2	7	8	6	9
7	2	8	6	5	9	3	4	1
4	9	6	1	8	3	7	2	5
8	7	4	2	1	5	9	3	6
9	3	2	7	6	4	5	1	8
5	6	1	3	9	8	4	7	2
3	1	5	8	7	6	2	9	4
2	8	7	9	4	1	6	5	3
6	4	9	5	3	2	1	8	7

PUZZLE 289

9	1	6	7	2	5	4	3	8
5	2	8	3	9	4	7	6	1
4	3	7	1	6	8	2	9	5
3	7	5	9	8	6	1	4	2
1	4	9	2	3	7	8	5	6
6	8	2	4	5	1	9	7	3
8	9	3	5	4	2	6	1	7
7	6	4	8	1	3	5	2	9
2	5	1	6	7	9	3	8	4

PUZZLE 290

5	9	2	6	8	1	7	4	3
7	4	3	2	9	5	6	8	1
8	1	6	3	4	7	5	9	2
1	3	9	4	6	8	2	7	5
4	2	5	7	1	3	9	6	8
6	7	8	9	5	2	1	3	4
9	5	1	8	7	4	3	2	6
3	8	7	1	2	6	4	5	9
2	6	4	5	3	9	8	1	7

PUZZLE 291

3	9	1	5	7	6	8	4	2
6	7	4	1	8	2	3	9	5
5	2	8	4	3	9	1	7	6
1	5	2	8	4	7	9	6	3
7	3	6	9	2	1	4	5	8
8	4	9	6	5	3	2	1	7
4	8	7	3	9	5	6	2	1
2	1	3	7	6	4	5	8	9
9	6	5	2	1	8	7	3	4

PUZZLE 292

4	5	1	9	6	2	3	8	7
3	8	2	1	5	7	9	6	4
7	9	6	4	8	3	5	2	1
5	4	8	2	3	9	7	1	6
2	7	9	6	4	1	8	3	5
6	1	3	8	7	5	2	4	9
8	2	5	7	1	6	4	9	3
9	6	7	3	2	4	1	5	8
1	3	4	5	9	8	6	7	2

PUZZLE 293

7	6	8	4	9	5	2	3	1
3	5	2	6	1	7	9	8	4
1	9	4	3	8	2	7	5	6
5	8	9	7	6	1	4	2	3
2	3	6	8	4	9	1	7	5
4	1	7	2	5	3	6	9	8
9	2	5	1	3	4	8	6	7
8	7	1	5	2	6	3	4	9
6	4	3	9	7	8	5	1	2

PUZZLE 294

8	4	2	9	6	1	3	5	7
7	6	3	2	8	5	4	1	9
5	9	1	3	4	7	6	2	8
9	7	6	4	1	2	5	8	3
2	1	4	5	3	8	7	9	6
3	8	5	6	7	9	1	4	2
1	5	9	7	2	3	8	6	4
6	3	8	1	9	4	2	7	5
4	2	7	8	5	6	9	3	1

PUZZLE 295

5	3	6	2	4	8	1	9	7
9	2	7	3	1	6	8	4	5
8	1	4	5	9	7	2	6	3
7	6	2	8	5	9	3	1	4
4	9	5	1	6	3	7	8	2
3	8	1	7	2	4	9	5	6
6	4	3	9	8	2	5	7	1
1	7	9	4	3	5	6	2	8
2	5	8	6	7	1	4	3	9

PUZZLE 296

6	8	5	3	4	7	1	9	2
9	3	7	1	8	2	6	4	5
1	4	2	6	5	9	7	3	8
8	2	6	7	3	1	9	5	4
4	5	9	2	6	8	3	7	1
3	7	1	5	9	4	8	2	6
7	1	3	8	2	5	4	6	9
5	9	8	4	7	6	2	1	3
2	6	4	9	1	3	5	8	7

PUZZLE 297

1	6	8	4	7	3	9	5	2
4	5	7	9	2	1	3	6	8
9	3	2	8	5	6	1	7	4
8	7	4	1	6	5	2	3	9
6	1	5	2	3	9	8	4	7
2	9	3	7	4	8	6	1	5
3	2	6	5	8	7	4	9	1
5	4	9	3	1	2	7	8	6
7	8	1	6	9	4	5	2	3

PUZZLE 298

4	2	7	3	1	5	8	9	6
8	6	1	9	4	7	3	2	5
5	9	3	6	8	2	7	1	4
1	4	2	8	7	3	6	5	9
7	8	6	5	9	1	2	4	3
9	3	5	4	2	6	1	7	8
6	1	8	7	5	4	9	3	2
2	5	9	1	3	8	4	6	7
3	7	4	2	6	9	5	8	1

PUZZLE 299

4	2	8	6	9	7	1	5	3
7	3	1	5	4	2	6	9	8
6	5	9	1	3	8	7	4	2
9	1	3	8	2	5	4	6	7
8	6	2	7	1	4	5	3	9
5	4	7	9	6	3	2	8	1
1	7	6	4	8	9	3	2	5
2	9	5	3	7	6	8	1	4
3	8	4	2	5	1	9	7	6

PUZZLE 300

9	4	3	8	7	2	6	5	1
2	8	6	1	3	5	4	9	7
7	1	5	9	6	4	8	3	2
3	6	4	2	1	7	9	8	5
5	2	8	6	9	3	1	7	4
1	7	9	5	4	8	3	2	6
8	3	1	7	2	6	5	4	9
6	5	2	4	8	9	7	1	3
4	9	7	3	5	1	2	6	8

PUZZLE 301

2	4	1	3	9	6	5	8	7
8	3	6	7	4	5	2	9	1
9	7	5	8	1	2	4	6	3
3	9	4	5	7	8	1	2	6
5	6	8	1	2	3	9	7	4
7	1	2	9	6	4	8	3	5
4	2	3	6	8	1	7	5	9
1	5	7	2	3	9	6	4	8
6	8	9	4	5	7	3	1	2

PUZZLE 302

5	8	1	7	4	6	3	2	9
2	9	7	1	8	3	5	4	6
6	3	4	2	9	5	8	1	7
7	1	2	5	3	8	6	9	4
4	6	8	9	2	1	7	5	3
9	5	3	6	7	4	1	8	2
8	7	6	4	5	2	9	3	1
3	4	9	8	1	7	2	6	5
1	2	5	3	6	9	4	7	8

PUZZLE 303

2	5	8	4	3	7	9	6	1
7	1	9	6	2	8	3	5	4
6	3	4	9	5	1	7	8	2
9	2	6	8	1	4	5	3	7
5	4	7	3	9	2	8	1	6
3	8	1	7	6	5	4	2	9
4	7	5	1	8	6	2	9	3
1	9	2	5	4	3	6	7	8
8	6	3	2	7	9	1	4	5

PUZZLE 304

4	2	6	8	1	5	3	7	9
8	1	3	9	7	6	4	2	5
9	7	5	2	3	4	1	6	8
3	6	8	4	2	9	5	1	7
7	5	1	6	8	3	9	4	2
2	4	9	1	5	7	8	3	6
1	9	7	5	4	2	6	8	3
5	8	2	3	6	1	7	9	4
6	3	4	7	9	8	2	5	1

PUZZLE 305

6	2	4	3	5	1	7	8	9
7	3	5	9	4	8	1	6	2
1	8	9	7	6	2	5	4	3
3	5	6	1	9	7	4	2	8
4	9	7	2	8	6	3	5	1
8	1	2	4	3	5	9	7	6
5	7	3	6	2	9	8	1	4
9	6	8	5	1	4	2	3	7
2	4	1	8	7	3	6	9	5

PUZZLE 306

5	4	3	7	2	1	9	6	8
9	7	1	8	6	5	2	4	3
8	6	2	3	4	9	5	1	7
3	5	9	1	7	6	8	2	4
7	1	6	2	8	4	3	5	9
2	8	4	5	9	3	6	7	1
1	9	7	6	3	2	4	8	5
4	2	5	9	1	8	7	3	6
6	3	8	4	5	7	1	9	2

PUZZLE 307

5	6	4	3	7	1	8	2	9
1	9	7	8	4	2	5	3	6
3	2	8	6	5	9	7	4	1
4	8	1	2	6	7	9	5	3
7	3	6	4	9	5	2	1	8
9	5	2	1	3	8	6	7	4
6	4	9	7	2	3	1	8	5
2	1	3	5	8	6	4	9	7
8	7	5	9	1	4	3	6	2

PUZZLE 308

2	7	5	1	4	9	6	8	3
3	6	1	7	2	8	5	4	9
8	4	9	3	6	5	2	7	1
4	5	3	6	1	7	9	2	8
7	8	6	4	9	2	1	3	5
1	9	2	8	5	3	7	6	4
6	1	8	9	7	4	3	5	2
9	2	4	5	3	6	8	1	7
5	3	7	2	8	1	4	9	6

PUZZLE 309

5	1	8	9	4	7	2	6	3
9	4	6	2	5	3	1	8	7
7	2	3	8	6	1	5	4	9
1	3	2	6	9	8	4	7	5
6	7	9	4	1	5	3	2	8
8	5	4	3	7	2	6	9	1
2	6	7	1	3	9	8	5	4
3	8	5	7	2	4	9	1	6
4	9	1	5	8	6	7	3	2

PUZZLE 310

9	5	7	4	2	8	3	1	6
4	2	6	7	3	1	8	5	9
8	1	3	5	6	9	7	4	2
7	9	1	3	8	4	2	6	5
6	3	2	1	9	5	4	8	7
5	4	8	6	7	2	1	9	3
1	6	9	2	4	3	5	7	8
3	7	4	8	5	6	9	2	1
2	8	5	9	1	7	6	3	4

PUZZLE 311

3	7	1	2	5	9	8	4	6
9	4	8	6	3	7	2	1	5
5	2	6	1	8	4	7	3	9
7	6	3	9	4	1	5	2	8
4	9	2	5	7	8	1	6	3
8	1	5	3	6	2	4	9	7
1	8	9	7	2	3	6	5	4
6	3	4	8	1	5	9	7	2
2	5	7	4	9	6	3	8	1

PUZZLE 312

9	8	3	1	2	7	4	6	5
2	6	7	4	5	8	3	9	1
5	1	4	3	9	6	2	8	7
3	5	1	2	8	4	6	7	9
4	9	6	5	7	3	8	1	2
8	7	2	6	1	9	5	3	4
6	4	5	9	3	1	7	2	8
1	2	8	7	6	5	9	4	3
7	3	9	8	4	2	1	5	6

PUZZLE 313

8	3	5	6	4	7	9	1	2
9	2	1	8	3	5	6	4	7
7	4	6	1	2	9	8	5	3
4	8	7	2	1	3	5	6	9
5	6	9	7	8	4	3	2	1
2	1	3	9	5	6	7	8	4
1	5	4	3	7	8	2	9	6
3	9	8	4	6	2	1	7	5
6	7	2	5	9	1	4	3	8

PUZZLE 314

3	9	6	1	8	7	5	4	2
7	8	4	2	9	5	1	3	6
1	5	2	3	4	6	9	8	7
8	3	1	7	6	4	2	5	9
6	4	9	5	2	8	3	7	1
5	2	7	9	3	1	8	6	4
2	1	5	6	7	3	4	9	8
4	7	3	8	1	9	6	2	5
9	6	8	4	5	2	7	1	3

PUZZLE 315

4	8	6	2	7	9	5	3	1
9	7	2	5	3	1	6	8	4
3	5	1	4	8	6	2	7	9
8	3	4	9	5	2	1	6	7
2	6	9	7	1	3	4	5	8
7	1	5	8	6	4	3	9	2
6	2	7	3	4	8	9	1	5
5	4	3	1	9	7	8	2	6
1	9	8	6	2	5	7	4	3

PUZZLE 316

1	6	9	8	2	7	3	4	5
3	7	5	1	4	6	8	9	2
4	8	2	5	9	3	6	7	1
5	4	7	3	6	9	1	2	8
6	9	8	4	1	2	5	3	7
2	1	3	7	8	5	4	6	9
7	3	4	2	5	1	9	8	6
9	2	1	6	3	8	7	5	4
8	5	6	9	7	4	2	1	3

PUZZLE 317

9	4	7	6	1	5	8	3	2
8	1	2	7	3	9	6	4	5
6	5	3	4	8	2	1	7	9
4	2	5	8	7	6	3	9	1
7	6	1	9	4	3	5	2	8
3	9	8	5	2	1	7	6	4
1	7	9	2	6	8	4	5	3
5	8	4	3	9	7	2	1	6
2	3	6	1	5	4	9	8	7

PUZZLE 318

2	3	1	7	5	9	6	8	4
6	7	9	8	1	4	3	5	2
5	4	8	6	2	3	1	7	9
8	5	2	3	9	1	7	4	6
1	6	4	5	7	2	8	9	3
3	9	7	4	6	8	5	2	1
4	8	5	9	3	6	2	1	7
7	1	3	2	4	5	9	6	8
9	2	6	1	8	7	4	3	5

PUZZLE 319

6	4	8	7	5	9	1	2	3
1	7	3	8	6	2	5	4	9
2	5	9	1	4	3	7	8	6
3	1	5	2	7	6	4	9	8
9	8	2	3	1	4	6	5	7
4	6	7	9	8	5	2	3	1
8	2	6	5	9	1	3	7	4
7	3	4	6	2	8	9	1	5
5	9	1	4	3	7	8	6	2

PUZZLE 320

4	2	7	9	8	5	3	1	6
6	5	8	1	3	4	2	7	9
1	3	9	2	7	6	5	4	8
8	4	2	3	1	9	7	6	5
7	6	1	5	4	8	9	3	2
5	9	3	6	2	7	1	8	4
9	8	5	7	6	1	4	2	3
2	7	4	8	5	3	6	9	1
3	1	6	4	9	2	8	5	7

PUZZLE 321

8	4	7	5	1	3	2	6	9
2	9	6	4	8	7	5	1	3
1	3	5	2	9	6	8	7	4
7	2	8	6	3	1	9	4	5
9	6	4	7	5	2	1	3	8
3	5	1	8	4	9	7	2	6
5	8	2	1	6	4	3	9	7
6	7	9	3	2	5	4	8	1
4	1	3	9	7	8	6	5	2

PUZZLE 322

6	8	3	7	9	2	4	5	1
5	2	7	3	1	4	6	9	8
4	1	9	8	6	5	7	3	2
3	7	8	1	4	6	5	2	9
1	4	2	9	5	7	8	6	3
9	5	6	2	3	8	1	7	4
8	6	5	4	2	9	3	1	7
7	9	1	5	8	3	2	4	6
2	3	4	6	7	1	9	8	5

PUZZLE 323

5	8	9	3	2	4	6	7	1
6	4	7	9	1	8	3	2	5
1	3	2	6	5	7	8	4	9
2	6	3	5	4	9	7	1	8
4	5	1	8	7	3	2	9	6
9	7	8	2	6	1	4	5	3
8	2	5	7	9	6	1	3	4
7	1	6	4	3	5	9	8	2
3	9	4	1	8	2	5	6	7

PUZZLE 324

1	5	4	2	6	3	9	7	8
2	6	9	7	5	8	4	1	3
3	8	7	4	1	9	2	6	5
5	9	8	1	3	2	7	4	6
4	2	3	6	8	7	1	5	9
7	1	6	5	9	4	8	3	2
6	4	2	8	7	5	3	9	1
8	3	5	9	4	1	6	2	7
9	7	1	3	2	6	5	8	4

PUZZLE 325

6	5	4	8	7	3	9	1	2
3	7	1	9	2	5	8	4	6
8	2	9	4	1	6	3	5	7
9	8	2	5	4	7	6	3	1
1	3	7	2	6	8	5	9	4
4	6	5	3	9	1	2	7	8
7	9	3	6	8	4	1	2	5
2	4	8	1	5	9	7	6	3
5	1	6	7	3	2	4	8	9

PUZZLE 326

1	5	3	9	4	7	8	2	6
8	6	7	5	2	3	4	1	9
2	4	9	1	6	8	3	5	7
9	7	6	4	1	2	5	3	8
5	2	8	3	7	9	6	4	1
3	1	4	8	5	6	7	9	2
6	9	5	7	3	1	2	8	4
7	3	1	2	8	4	9	6	5
4	8	2	6	9	5	1	7	3

PUZZLE 327

9	3	8	1	7	4	5	2	6
7	2	4	3	5	6	8	9	1
1	6	5	2	9	8	4	3	7
4	8	7	6	3	1	2	5	9
6	5	1	4	2	9	7	8	3
3	9	2	7	8	5	6	1	4
2	7	9	8	4	3	1	6	5
8	1	3	5	6	7	9	4	2
5	4	6	9	1	2	3	7	8

PUZZLE 328

2	9	4	6	3	8	1	7	5
3	8	1	2	5	7	9	4	6
5	7	6	1	4	9	2	8	3
9	6	8	4	1	2	3	5	7
1	2	5	8	7	3	6	9	4
4	3	7	5	9	6	8	2	1
8	5	2	7	6	1	4	3	9
6	4	9	3	8	5	7	1	2
7	1	3	9	2	4	5	6	8

PUZZLE 329

2	8	9	6	4	1	7	3	5
7	3	1	5	9	8	6	2	4
5	4	6	7	3	2	8	9	1
1	2	7	3	6	9	4	5	8
6	5	3	8	7	4	9	1	2
4	9	8	2	1	5	3	6	7
9	7	5	1	8	6	2	4	3
8	1	4	9	2	3	5	7	6
3	6	2	4	5	7	1	8	9

PUZZLE 330

5	1	7	6	2	9	8	3	4
3	8	9	7	4	5	2	1	6
2	6	4	8	3	1	5	9	7
8	3	5	1	9	7	6	4	2
1	9	2	5	6	4	7	8	3
4	7	6	2	8	3	1	5	9
7	4	8	3	5	6	9	2	1
6	5	3	9	1	2	4	7	8
9	2	1	4	7	8	3	6	5

PUZZLE 331

2	1	4	7	9	8	3	5	6
9	6	8	5	2	3	1	7	4
5	3	7	4	6	1	2	9	8
8	4	5	3	1	9	7	6	2
6	7	3	2	5	4	9	8	1
1	9	2	6	8	7	4	3	5
3	5	1	8	7	2	6	4	9
7	2	6	9	4	5	8	1	3
4	8	9	1	3	6	5	2	7

PUZZLE 332

5	1	8	7	9	2	6	4	3
4	9	6	1	8	3	2	7	5
2	3	7	6	5	4	1	8	9
9	5	1	3	2	7	8	6	4
7	6	3	9	4	8	5	1	2
8	4	2	5	6	1	9	3	7
1	7	9	2	3	6	4	5	8
6	2	4	8	7	5	3	9	1
3	8	5	4	1	9	7	2	6

PUZZLE 333

1	8	6	9	7	3	4	2	5
9	2	4	1	5	8	3	7	6
7	5	3	6	2	4	1	8	9
5	4	9	2	1	7	8	6	3
2	3	7	8	6	5	9	1	4
8	6	1	3	4	9	2	5	7
3	7	8	5	9	1	6	4	2
6	1	5	4	3	2	7	9	8
4	9	2	7	8	6	5	3	1

PUZZLE 334

4	3	7	1	6	5	2	8	9
8	9	6	7	3	2	4	5	1
2	1	5	8	4	9	6	7	3
5	2	9	3	1	7	8	6	4
3	4	8	5	9	6	1	2	7
7	6	1	2	8	4	3	9	5
1	7	2	4	5	8	9	3	6
9	5	4	6	2	3	7	1	8
6	8	3	9	7	1	5	4	2

PUZZLE 335

4	2	9	5	1	7	3	6	8
6	3	1	9	8	4	2	7	5
7	8	5	6	3	2	9	1	4
5	1	3	2	7	8	6	4	9
2	4	8	3	6	9	7	5	1
9	6	7	4	5	1	8	3	2
8	5	2	7	4	3	1	9	6
1	7	4	8	9	6	5	2	3
3	9	6	1	2	5	4	8	7

PUZZLE 336

1	7	9	4	5	8	3	2	6
6	4	8	2	3	1	7	9	5
2	5	3	7	6	9	4	8	1
4	9	2	5	1	7	8	6	3
5	8	7	3	4	6	2	1	9
3	1	6	9	8	2	5	4	7
9	3	1	8	7	4	6	5	2
8	2	5	6	9	3	1	7	4
7	6	4	1	2	5	9	3	8

PUZZLE 337

9	4	3	6	5	1	2	7	8
8	2	5	4	7	9	3	6	1
6	7	1	3	8	2	4	9	5
2	5	7	8	3	6	9	1	4
3	9	4	1	2	5	7	8	6
1	6	8	7	9	4	5	3	2
4	8	9	2	6	7	1	5	3
5	3	2	9	1	8	6	4	7
7	1	6	5	4	3	8	2	9

PUZZLE 338

1	9	5	3	7	4	8	6	2
6	8	3	5	1	2	4	9	7
7	2	4	6	9	8	5	3	1
3	1	8	7	5	6	9	2	4
9	4	7	1	2	3	6	5	8
2	5	6	4	8	9	1	7	3
5	3	1	9	4	7	2	8	6
4	7	2	8	6	5	3	1	9
8	6	9	2	3	1	7	4	5

PUZZLE 339

4	5	7	3	9	6	1	2	8
9	3	1	5	2	8	7	4	6
6	8	2	1	7	4	3	5	9
5	1	6	9	8	7	2	3	4
2	7	8	4	5	3	9	6	1
3	4	9	2	6	1	5	8	7
8	6	5	7	1	2	4	9	3
7	2	3	6	4	9	8	1	5
1	9	4	8	3	5	6	7	2

PUZZLE 340

7	3	1	8	2	4	9	6	5
4	9	6	7	5	3	8	2	1
8	5	2	9	1	6	3	7	4
1	2	9	6	4	8	5	3	7
6	7	8	5	3	1	4	9	2
5	4	3	2	7	9	6	1	8
3	6	7	1	8	5	2	4	9
9	1	5	4	6	2	7	8	3
2	8	4	3	9	7	1	5	6

PUZZLE 341

1	9	4	7	8	3	2	6	5
8	6	2	9	1	5	7	4	3
5	7	3	4	2	6	8	1	9
7	1	9	2	5	8	4	3	6
3	4	5	1	6	7	9	8	2
6	2	8	3	9	4	1	5	7
4	3	6	8	7	2	5	9	1
9	8	7	5	3	1	6	2	4
2	5	1	6	4	9	3	7	8

PUZZLE 342

8	9	2	4	6	1	5	7	3
7	1	3	2	5	9	8	4	6
4	6	5	8	3	7	9	1	2
3	5	8	9	2	4	7	6	1
2	4	1	7	8	6	3	5	9
6	7	9	3	1	5	4	2	8
1	3	6	5	4	8	2	9	7
9	2	4	1	7	3	6	8	5
5	8	7	6	9	2	1	3	4

PUZZLE 343

6	1	3	7	8	4	9	5	2
5	2	8	9	6	1	3	4	7
9	7	4	5	2	3	8	1	6
2	4	1	3	9	8	6	7	5
3	9	5	1	7	6	2	8	4
8	6	7	2	4	5	1	9	3
7	3	9	4	1	2	5	6	8
1	5	6	8	3	7	4	2	9
4	8	2	6	5	9	7	3	1

PUZZLE 344

4	8	2	1	9	7	3	5	6
9	6	7	5	8	3	1	2	4
5	3	1	4	2	6	7	8	9
3	7	9	8	4	5	6	1	2
6	2	4	9	3	1	5	7	8
8	1	5	7	6	2	4	9	3
1	4	8	6	7	9	2	3	5
7	9	3	2	5	4	8	6	1
2	5	6	3	1	8	9	4	7

PUZZLE 345

3	6	2	5	4	8	9	1	7
8	1	7	6	3	9	4	2	5
4	9	5	2	1	7	3	6	8
7	8	6	3	5	2	1	9	4
2	3	1	9	8	4	5	7	6
5	4	9	1	7	6	2	8	3
6	5	3	7	9	1	8	4	2
9	7	8	4	2	3	6	5	1
1	2	4	8	6	5	7	3	9

PUZZLE 346

9	3	5	8	4	6	7	1	2
8	6	2	1	7	3	4	9	5
7	4	1	2	9	5	8	3	6
6	8	7	4	1	2	9	5	3
1	5	9	6	3	8	2	4	7
4	2	3	9	5	7	6	8	1
2	1	8	5	6	4	3	7	9
5	7	6	3	8	9	1	2	4
3	9	4	7	2	1	5	6	8

PUZZLE 347

8	1	2	6	3	4	7	9	5
9	7	3	2	1	5	6	4	8
5	6	4	7	8	9	2	3	1
2	3	6	5	4	1	8	7	9
4	5	7	9	2	8	3	1	6
1	8	9	3	6	7	5	2	4
7	9	1	8	5	3	4	6	2
3	2	5	4	9	6	1	8	7
6	4	8	1	7	2	9	5	3

PUZZLE 348

5	1	8	7	6	9	4	3	2
2	7	4	3	1	5	6	9	8
3	6	9	8	2	4	1	7	5
7	2	5	9	4	8	3	6	1
8	9	6	1	7	3	2	5	4
1	4	3	2	5	6	9	8	7
4	8	1	6	9	7	5	2	3
6	3	2	5	8	1	7	4	9
9	5	7	4	3	2	8	1	6

PUZZLE 349

6	7	5	1	4	8	2	3	9
4	1	9	5	3	2	6	7	8
8	2	3	6	9	7	1	5	4
1	3	2	8	6	4	5	9	7
7	9	8	2	1	5	3	4	6
5	4	6	3	7	9	8	2	1
3	8	7	9	5	1	4	6	2
9	5	1	4	2	6	7	8	3
2	6	4	7	8	3	9	1	5

PUZZLE 350

5	6	4	8	9	3	2	1	7
2	3	8	7	1	5	9	6	4
7	9	1	6	4	2	8	5	3
9	8	3	1	7	4	5	2	6
1	5	7	3	2	6	4	8	9
4	2	6	9	5	8	7	3	1
6	4	2	5	3	9	1	7	8
3	7	9	2	8	1	6	4	5
8	1	5	4	6	7	3	9	2

PUZZLE 351

2	4	6	3	8	9	5	7	1
7	3	1	2	5	4	6	8	9
9	8	5	6	1	7	4	2	3
8	2	7	5	9	1	3	4	6
3	1	4	7	6	2	8	9	5
6	5	9	8	4	3	2	1	7
5	6	2	9	7	8	1	3	4
1	7	3	4	2	6	9	5	8
4	9	8	1	3	5	7	6	2

PUZZLE 352

1	9	2	3	5	8	7	4	6
4	7	6	9	1	2	3	8	5
5	3	8	7	4	6	9	2	1
2	4	7	8	3	1	5	6	9
9	8	3	6	7	5	2	1	4
6	5	1	2	9	4	8	3	7
7	1	4	5	8	3	6	9	2
8	6	9	1	2	7	4	5	3
3	2	5	4	6	9	1	7	8

PUZZLE 353

7	8	4	5	9	2	1	6	3
3	2	6	1	7	4	9	8	5
1	9	5	3	8	6	4	7	2
9	1	2	8	6	5	3	4	7
8	4	7	2	3	1	5	9	6
5	6	3	9	4	7	2	1	8
6	7	1	4	5	3	8	2	9
4	3	8	6	2	9	7	5	1
2	5	9	7	1	8	6	3	4

PUZZLE 354

5	7	9	2	3	1	8	4	6
6	4	3	8	5	9	1	2	7
8	2	1	4	6	7	5	9	3
3	1	5	9	2	6	4	7	8
2	6	8	1	7	4	9	3	5
7	9	4	3	8	5	2	6	1
9	3	6	5	1	2	7	8	4
1	8	2	7	4	3	6	5	9
4	5	7	6	9	8	3	1	2

PUZZLE 355

4	2	1	3	9	7	8	6	5
5	7	3	2	8	6	4	1	9
8	9	6	5	1	4	3	2	7
7	5	2	8	6	9	1	4	3
9	6	4	1	3	2	7	5	8
3	1	8	7	4	5	6	9	2
2	8	9	4	7	1	5	3	6
6	4	7	9	5	3	2	8	1
1	3	5	6	2	8	9	7	4

PUZZLE 356

5	1	6	2	4	7	3	8	9
4	8	7	9	5	3	6	1	2
9	3	2	8	6	1	5	7	4
3	7	4	1	8	5	9	2	6
1	2	8	4	9	6	7	5	3
6	5	9	3	7	2	1	4	8
8	4	5	6	1	9	2	3	7
7	6	3	5	2	4	8	9	1
2	9	1	7	3	8	4	6	5

PUZZLE 357

4	2	7	6	5	3	9	1	8
6	8	5	1	9	7	2	4	3
3	9	1	8	2	4	7	6	5
8	3	2	9	4	5	6	7	1
7	4	6	3	1	2	5	8	9
1	5	9	7	6	8	3	2	4
9	1	4	5	7	6	8	3	2
5	7	8	2	3	1	4	9	6
2	6	3	4	8	9	1	5	7

PUZZLE 358

3	4	6	7	9	1	5	8	2
2	7	9	4	5	8	6	1	3
8	5	1	2	6	3	4	7	9
4	1	3	5	8	9	7	2	6
7	6	2	3	1	4	9	5	8
5	9	8	6	2	7	3	4	1
1	2	4	9	3	5	8	6	7
9	8	5	1	7	6	2	3	4
6	3	7	8	4	2	1	9	5

PUZZLE 359

1	2	5	4	7	6	9	8	3
8	7	4	9	1	3	6	5	2
3	6	9	8	5	2	7	1	4
5	4	3	7	6	9	8	2	1
9	8	2	5	3	1	4	7	6
7	1	6	2	4	8	3	9	5
6	3	8	1	9	5	2	4	7
4	9	1	6	2	7	5	3	8
2	5	7	3	8	4	1	6	9

PUZZLE 360

7	8	9	4	1	5	6	2	3
4	5	2	7	6	3	1	9	8
1	3	6	8	9	2	5	7	4
8	9	5	3	2	1	7	4	6
6	1	3	9	7	4	8	5	2
2	7	4	5	8	6	9	3	1
9	2	1	6	4	7	3	8	5
3	4	7	1	5	8	2	6	9
5	6	8	2	3	9	4	1	7

PUZZLE 361

6	2	3	7	4	1	8	5	9
1	4	5	2	8	9	3	7	6
9	8	7	3	6	5	1	4	2
8	5	6	1	7	3	2	9	4
7	9	1	4	2	6	5	8	3
4	3	2	9	5	8	7	6	1
3	1	4	8	9	7	6	2	5
5	7	9	6	1	2	4	3	8
2	6	8	5	3	4	9	1	7

PUZZLE 362

1	5	2	9	3	6	8	7	4
9	6	4	2	8	7	3	1	5
8	7	3	5	4	1	2	9	6
7	9	5	3	6	2	4	8	1
3	4	8	7	1	5	6	2	9
2	1	6	4	9	8	7	5	3
4	2	7	1	5	3	9	6	8
6	3	1	8	7	9	5	4	2
5	8	9	6	2	4	1	3	7

PUZZLE 363

8	2	1	5	6	3	7	4	9
4	3	6	8	9	7	2	5	1
9	5	7	4	2	1	8	6	3
3	6	5	7	1	4	9	8	2
2	4	8	6	3	9	1	7	5
7	1	9	2	8	5	6	3	4
1	9	4	3	7	8	5	2	6
5	7	2	9	4	6	3	1	8
6	8	3	1	5	2	4	9	7

PUZZLE 364

6	4	9	1	5	3	8	7	2
5	3	8	7	4	2	9	6	1
7	2	1	9	6	8	4	3	5
9	6	5	3	8	7	2	1	4
1	7	4	6	2	9	5	8	3
2	8	3	4	1	5	6	9	7
3	9	2	5	7	6	1	4	8
8	1	7	2	9	4	3	5	6
4	5	6	8	3	1	7	2	9

PUZZLE 365

1	7	8	9	2	5	6	4	3
5	4	2	6	8	3	7	9	1
9	6	3	7	4	1	5	8	2
6	2	4	1	5	9	8	3	7
3	5	9	2	7	8	4	1	6
7	8	1	4	3	6	2	5	9
2	9	6	8	1	4	3	7	5
4	3	7	5	9	2	1	6	8
8	1	5	3	6	7	9	2	4

PUZZLE 366

9	5	2	1	3	6	4	8	7
1	4	3	7	8	5	6	9	2
6	7	8	2	4	9	5	1	3
2	9	7	4	5	8	3	6	1
5	3	4	6	1	7	9	2	8
8	1	6	9	2	3	7	4	5
4	6	5	8	7	1	2	3	9
3	8	9	5	6	2	1	7	4
7	2	1	3	9	4	8	5	6

PUZZLE 367

6	1	7	9	3	5	8	4	2
9	4	8	6	2	7	3	1	5
2	3	5	1	8	4	6	9	7
3	7	9	5	1	2	4	8	6
1	5	4	8	6	3	7	2	9
8	6	2	7	4	9	5	3	1
7	9	1	3	5	8	2	6	4
4	8	6	2	7	1	9	5	3
5	2	3	4	9	6	1	7	8

PUZZLE 368

5	4	3	1	6	9	8	7	2
6	7	9	2	4	8	3	1	5
2	1	8	7	5	3	9	4	6
9	2	6	5	8	1	7	3	4
3	5	1	6	7	4	2	8	9
4	8	7	9	3	2	6	5	1
7	9	5	3	1	6	4	2	8
1	6	4	8	2	7	5	9	3
8	3	2	4	9	5	1	6	7

PUZZLE 369

4	7	1	9	5	2	6	3	8
8	6	5	1	3	7	4	2	9
9	2	3	8	6	4	1	7	5
1	5	4	7	9	6	3	8	2
2	8	9	3	1	5	7	4	6
6	3	7	2	4	8	9	5	1
3	4	2	6	8	1	5	9	7
7	9	6	5	2	3	8	1	4
5	1	8	4	7	9	2	6	3

PUZZLE 370

1	4	6	7	2	3	9	8	5
2	8	7	1	5	9	4	6	3
9	5	3	8	6	4	7	1	2
5	3	2	9	4	8	6	7	1
6	7	9	2	3	1	5	4	8
8	1	4	5	7	6	3	2	9
3	2	1	4	9	7	8	5	6
4	9	5	6	8	2	1	3	7
7	6	8	3	1	5	2	9	4

PUZZLE 371

9	8	5	1	3	7	6	2	4
1	6	2	4	5	9	7	3	8
3	4	7	6	8	2	9	5	1
8	9	3	5	2	1	4	6	7
5	2	6	9	7	4	1	8	3
7	1	4	3	6	8	2	9	5
2	5	9	7	4	3	8	1	6
6	7	8	2	1	5	3	4	9
4	3	1	8	9	6	5	7	2

PUZZLE 372

7	6	8	3	5	2	1	9	4
4	2	9	7	6	1	3	8	5
5	1	3	4	8	9	6	7	2
1	3	2	9	7	8	4	5	6
6	4	7	1	3	5	8	2	9
9	8	5	6	2	4	7	1	3
8	7	6	2	9	3	5	4	1
2	5	1	8	4	6	9	3	7
3	9	4	5	1	7	2	6	8

PUZZLE 373

8	7	4	3	5	6	9	2	1
1	9	3	2	7	4	6	5	8
5	2	6	9	1	8	7	3	4
3	5	1	6	4	9	2	8	7
2	6	7	8	3	5	4	1	9
9	4	8	1	2	7	3	6	5
6	1	5	7	9	3	8	4	2
7	3	2	4	8	1	5	9	6
4	8	9	5	6	2	1	7	3

PUZZLE 374

9	4	6	2	3	1	7	8	5
3	7	1	4	8	5	2	9	6
2	5	8	6	7	9	1	3	4
4	2	5	8	1	7	9	6	3
8	6	3	9	4	2	5	7	1
7	1	9	3	5	6	4	2	8
6	3	2	1	9	4	8	5	7
1	8	7	5	2	3	6	4	9
5	9	4	7	6	8	3	1	2

PUZZLE 375

6	1	9	5	7	8	2	4	3
3	2	4	6	1	9	8	5	7
5	7	8	4	3	2	9	1	6
2	8	6	1	9	7	5	3	4
9	3	1	2	4	5	7	6	8
4	5	7	3	8	6	1	2	9
1	9	2	8	6	4	3	7	5
8	6	5	7	2	3	4	9	1
7	4	3	9	5	1	6	8	2

PUZZLE 376

3	1	5	8	7	6	2	9	4
2	6	4	1	9	5	8	3	7
8	7	9	4	3	2	6	5	1
7	8	3	2	4	1	9	6	5
4	2	1	5	6	9	3	7	8
5	9	6	7	8	3	1	4	2
6	5	2	3	1	7	4	8	9
9	4	7	6	2	8	5	1	3
1	3	8	9	5	4	7	2	6

PUZZLE 377

1	2	4	9	3	8	5	7	6
7	6	3	4	5	2	1	8	9
8	9	5	1	6	7	3	4	2
6	3	9	8	2	4	7	5	1
2	5	7	3	1	9	8	6	4
4	1	8	6	7	5	9	2	3
3	4	2	5	8	1	6	9	7
5	7	6	2	9	3	4	1	8
9	8	1	7	4	6	2	3	5

PUZZLE 378

6	3	1	8	2	5	7	9	4
5	2	7	9	6	4	3	1	8
9	4	8	7	1	3	5	6	2
2	6	9	3	5	7	8	4	1
7	1	5	4	8	6	9	2	3
3	8	4	2	9	1	6	5	7
8	9	3	5	4	2	1	7	6
4	5	6	1	7	8	2	3	9
1	7	2	6	3	9	4	8	5

PUZZLE 379

1	7	3	2	8	6	5	4	9
9	6	2	4	5	3	8	1	7
4	8	5	1	9	7	6	2	3
3	4	7	5	1	9	2	8	6
8	5	9	6	7	2	1	3	4
2	1	6	3	4	8	7	9	5
5	3	4	8	6	1	9	7	2
7	2	1	9	3	5	4	6	8
6	9	8	7	2	4	3	5	1

PUZZLE 380

3	7	9	8	5	4	1	2	6
5	2	8	6	9	1	3	4	7
4	6	1	2	7	3	9	5	8
2	9	5	1	4	7	8	6	3
8	1	4	3	2	6	7	9	5
7	3	6	5	8	9	4	1	2
1	8	7	4	6	5	2	3	9
6	4	2	9	3	8	5	7	1
9	5	3	7	1	2	6	8	4

PUZZLE 381

1	3	2	7	5	8	6	4	9
4	7	5	9	6	1	2	3	8
6	9	8	2	3	4	7	1	5
9	5	3	8	4	2	1	6	7
8	6	1	3	9	7	4	5	2
2	4	7	6	1	5	9	8	3
7	1	9	4	8	3	5	2	6
3	2	4	5	7	6	8	9	1
5	8	6	1	2	9	3	7	4

PUZZLE 382

7	9	1	5	8	3	6	2	4
8	5	2	9	4	6	1	7	3
4	3	6	1	2	7	5	9	8
2	4	7	8	6	9	3	5	1
5	1	8	4	3	2	7	6	9
9	6	3	7	5	1	4	8	2
6	8	9	3	7	4	2	1	5
3	7	5	2	1	8	9	4	6
1	2	4	6	9	5	8	3	7

PUZZLE 383

3	6	7	8	4	5	2	1	9
1	9	2	3	7	6	5	8	4
5	4	8	2	1	9	3	7	6
7	3	9	1	6	4	8	5	2
8	1	4	7	5	2	6	9	3
6	2	5	9	8	3	1	4	7
9	5	6	4	3	8	7	2	1
4	8	1	6	2	7	9	3	5
2	7	3	5	9	1	4	6	8

PUZZLE 384

3	7	6	1	2	5	8	4	9
8	2	9	6	7	4	3	1	5
5	1	4	9	3	8	6	7	2
7	4	3	2	6	1	5	9	8
2	9	1	5	8	7	4	3	6
6	5	8	4	9	3	7	2	1
1	3	7	8	5	9	2	6	4
4	6	5	7	1	2	9	8	3
9	8	2	3	4	6	1	5	7

PUZZLE 385

5	6	4	1	8	3	7	2	9
3	9	7	4	2	6	1	8	5
8	2	1	5	7	9	3	4	6
6	1	2	3	4	7	5	9	8
7	3	5	2	9	8	6	1	4
9	4	8	6	5	1	2	3	7
4	8	3	7	1	5	9	6	2
2	5	6	9	3	4	8	7	1
1	7	9	8	6	2	4	5	3

PUZZLE 386

1	7	3	2	5	8	6	4	9
9	4	6	1	3	7	8	5	2
5	2	8	6	4	9	1	3	7
6	5	7	9	2	1	4	8	3
8	9	4	7	6	3	2	1	5
2	3	1	5	8	4	7	9	6
3	1	2	8	7	5	9	6	4
4	6	9	3	1	2	5	7	8
7	8	5	4	9	6	3	2	1

PUZZLE 387

1	4	2	5	6	8	9	7	3
7	6	8	3	1	9	2	4	5
5	3	9	4	7	2	6	1	8
2	7	6	1	4	5	8	3	9
9	8	1	7	2	3	5	6	4
3	5	4	9	8	6	1	2	7
6	2	7	8	5	4	3	9	1
8	1	3	6	9	7	4	5	2
4	9	5	2	3	1	7	8	6

PUZZLE 388

1	2	9	5	4	6	8	3	7
4	8	5	7	9	3	6	2	1
3	6	7	1	8	2	4	5	9
8	3	6	9	5	4	1	7	2
7	4	2	8	3	1	9	6	5
5	9	1	6	2	7	3	8	4
2	5	8	3	1	9	7	4	6
6	1	3	4	7	5	2	9	8
9	7	4	2	6	8	5	1	3

PUZZLE 389

6	8	1	7	9	5	3	4	2
5	3	9	6	4	2	1	8	7
2	4	7	3	8	1	9	6	5
8	6	3	9	2	4	5	7	1
9	1	2	5	7	8	4	3	6
4	7	5	1	6	3	2	9	8
1	2	6	8	3	9	7	5	4
3	5	8	4	1	7	6	2	9
7	9	4	2	5	6	8	1	3

PUZZLE 390

1	6	3	5	7	4	2	9	8
7	2	9	6	1	8	3	4	5
5	4	8	2	3	9	6	7	1
8	3	6	9	5	7	4	1	2
2	7	5	1	4	3	8	6	9
9	1	4	8	2	6	7	5	3
6	8	7	3	9	5	1	2	4
4	9	1	7	8	2	5	3	6
3	5	2	4	6	1	9	8	7

PUZZLE 391

5	4	2	6	7	1	3	9	8
6	3	9	8	2	5	4	1	7
1	7	8	4	3	9	5	6	2
2	1	5	9	8	3	7	4	6
7	6	3	1	4	2	9	8	5
9	8	4	7	5	6	1	2	3
3	2	1	5	6	4	8	7	9
8	9	6	3	1	7	2	5	4
4	5	7	2	9	8	6	3	1

PUZZLE 392

9	1	3	7	4	2	5	6	8
4	6	5	8	3	9	1	2	7
2	7	8	5	1	6	4	3	9
6	3	4	1	9	7	8	5	2
5	9	2	4	8	3	7	1	6
1	8	7	6	2	5	3	9	4
7	5	9	3	6	8	2	4	1
8	4	6	2	5	1	9	7	3
3	2	1	9	7	4	6	8	5

PUZZLE 393

1	7	5	6	4	2	8	3	9
9	3	2	1	5	8	6	4	7
4	8	6	3	9	7	2	1	5
3	5	1	4	7	6	9	2	8
8	2	7	9	1	3	4	5	6
6	9	4	8	2	5	1	7	3
5	6	8	2	3	1	7	9	4
7	1	9	5	6	4	3	8	2
2	4	3	7	8	9	5	6	1

PUZZLE 394

1	2	4	7	9	8	5	6	3
6	8	3	5	4	1	2	7	9
9	7	5	6	2	3	8	1	4
5	3	8	2	6	9	1	4	7
4	6	2	1	3	7	9	8	5
7	9	1	8	5	4	6	3	2
3	5	6	4	8	2	7	9	1
8	1	9	3	7	5	4	2	6
2	4	7	9	1	6	3	5	8

PUZZLE 395

6	2	1	4	9	8	3	5	7
3	4	9	6	5	7	2	8	1
8	7	5	1	3	2	9	6	4
2	8	3	9	6	1	4	7	5
7	1	4	5	8	3	6	9	2
9	5	6	7	2	4	1	3	8
1	6	7	8	4	9	5	2	3
4	9	2	3	7	5	8	1	6
5	3	8	2	1	6	7	4	9

PUZZLE 396

9	8	7	2	1	4	6	5	3
3	4	6	9	8	5	7	2	1
2	5	1	6	7	3	9	4	8
6	1	8	7	5	2	4	3	9
7	3	2	1	4	9	5	8	6
5	9	4	8	3	6	2	1	7
1	2	9	5	6	8	3	7	4
4	7	5	3	9	1	8	6	2
8	6	3	4	2	7	1	9	5

PUZZLE 397

7	4	1	8	6	2	5	9	3
2	3	8	1	5	9	7	4	6
9	5	6	4	3	7	8	2	1
8	2	4	3	7	1	6	5	9
3	9	7	6	4	5	1	8	2
6	1	5	2	9	8	3	7	4
5	7	2	9	1	6	4	3	8
4	6	9	7	8	3	2	1	5
1	8	3	5	2	4	9	6	7

PUZZLE 398

8	6	5	2	7	9	4	1	3
7	4	2	1	6	3	5	9	8
1	3	9	4	5	8	7	6	2
5	1	8	7	3	2	9	4	6
4	2	7	6	9	1	3	8	5
3	9	6	8	4	5	1	2	7
9	5	4	3	8	6	2	7	1
2	8	3	9	1	7	6	5	4
6	7	1	5	2	4	8	3	9

PUZZLE 399

9	2	3	8	4	5	7	6	1
5	1	7	3	6	2	8	4	9
6	8	4	7	9	1	3	2	5
1	6	2	9	8	4	5	7	3
3	4	9	2	5	7	6	1	8
8	7	5	1	3	6	4	9	2
7	9	6	5	2	3	1	8	4
4	3	8	6	1	9	2	5	7
2	5	1	4	7	8	9	3	6

PUZZLE 400

3	7	4	6	9	5	8	1	2
6	2	9	1	8	7	5	3	4
8	5	1	2	3	4	6	9	7
7	3	5	8	6	9	4	2	1
1	6	8	4	2	3	9	7	5
4	9	2	5	7	1	3	6	8
9	1	7	3	4	8	2	5	6
2	4	3	7	5	6	1	8	9
5	8	6	9	1	2	7	4	3

Made in the USA
San Bernardino, CA
14 December 2017